公路安全设计简论

张 炯 著

天津出版传媒集团
天津科学技术出版社

图书在版编目(CIP)数据

公路安全设计简论 / 张炯著. — 天津 : 天津科学技术出版社, 2020.8

ISBN 978-7-5576-8461-7

Ⅰ. ①公… Ⅱ. ①张… Ⅲ. ①公路-安全设计 Ⅳ. ①U412.36

中国版本图书馆 CIP 数据核字(2020)第 125484 号

公路安全设计简论

GONGLU ANQUAN SHEJI JIANLUN

责任编辑：李荔薇

出　　版：天津出版传媒集团 / 天津科学技术出版社

地　　址：天津市西康路 35 号

邮　　编：300051

电　　话：(022)23332400

网　　址：www.tjkjcbs.com.cn

发　　行：新华书店经销

印　　刷：河北文盛印刷有限公司

开本 710×1000　1/16　印张 13　字数 220 000

2020 年 8 月第 1 版　2022 年 8 月第 2 次印刷

定价：58.00 元

目　录

第一章　概　论

第一节　我国公路安全现状

一、我国公路运输事业概况

截至2019年,中国公路总里程已达484.65万公里、公路达14.26万公里,居世界第一。早在新中国成立之初,全国能通车的公路仅8.08万公里,而到2018年末,全国公路总里程已达到484.65万公里。我国农村公路总里程已超过404万公里,具备条件的乡镇和建制村100%通硬化路目标如期实现。公路交通对国民经济发展的制约得到有效缓解,在综合交通运输体系中的地位和作用进一步加强。

改革开放以来,我国机动化水平增长趋势与GDP增长趋势基本一致。机动车保有量年均增长17.86%,略高于同期GDP年均增长率。其中汽车保有量年均增长14.90%,汽车驾驶人总量年均增长15.88%。据公安部统计,2019年全国新注册登记机动车3214万辆,机动车保有量达3.48亿辆。私家车保有量首次突破2亿辆,达2.07亿辆。2019年,全国新注册登记汽车2578万辆,汽车保有量达2.6亿辆;机动车驾驶人达4.35亿人,其中汽车驾驶人3.97亿人。全国66个城市汽车保有量超过百万辆。截至2019年底,全国汽车保有量达2.6亿辆,与2018年底相比,增加2122万辆(扣除报废注销量,下同),增长8.83%。全国66个城市汽车保有量超过百万辆,30个城市超200万辆,其中,北京、成都、重庆、苏州、上海、郑州、深圳、西安、武汉、东莞、天津等11个城市超300

万辆。

随着机动车保有量的增加和汽车逐步进入家庭，与改革开放初期相比，我国机动车驾驶人构成发生了巨变。

2019 年上半年机动车驾驶人数量达 4.22 亿人，上半年新领证驾驶人 1408 万人。随着机动车保有量持续增长，机动车驾驶人数量也呈现同步增长趋势，2019 年上半年全国新领证驾驶人数量达 1408 万人。截至 6 月，全国机动车驾驶人数量达 4.22 亿人，与去年同期相比，增加 2576 万人。从驾驶人的年龄分布看，主要集中在 26 至 50 岁年龄段之间，其中 26 至 35 岁年龄段的有 1.44 亿人，占驾驶人总量的 34.12%；36 至 50 岁年龄段的有 1.64 亿人，占 38.88%；超过 60 岁的有 1221 万人，占 2.9%。

二、我国公路安全状况

改革开放以来是我国经济社会发展最快的时期，同时也是道路交通事故造成死伤人数最多的时期。1978～2009 年，全国道路交通事故死亡人数累计达 2009757 人，另有累计 7532477 人受伤，分别占新中国成立以来道路交通事故死亡总数和受伤总数的 92.46%和 91.53%。

1978～2002 年是我国道路交通事故增长最快的时期。交通事故最高峰的 2002 年与改革开放初期相比，道路交通事故数量增长 6.21 倍，交通事故死亡人数增长 4.73 倍，受伤人数增长 6.26 倍。

2002 年以后也是我国道路交通事故降低（2004 年呈小幅增长）最快的时期。2009 年与 2002 年（最高峰）相比，道路交通事故数量降低 69.17%，死亡人数降低 38.05%，受伤人数降低 51.05%。2009 年道路交通事故死亡人数与 1994 年相当，但与改革开放初期相比仍有较大的增长，其中道路交通事故事故起数、死亡人数、受伤人数分别比 1978 年增长 122.24%、254.83%和 255.13%。

改革开放以来机动车保有量虽然在快速增长，但道路交通事故万车死亡率一直呈现快速下降的趋势。2009 年万车死亡率为 3.6，仅为改革开放初期的

3%；而由于我国人口增长趋缓，10万人口死亡率变化趋势与道路交通事故死亡人数变化趋势一致。

虽然交通事故呈现了快速下降的趋势，但是由于我国交通事故总量较大，即使下降幅度明显，2009年仍然造成67759人死亡、275125人受伤。纵观1970年至今世界上道路交通事故死亡人数较多国家的死亡人数变化情况，可以发现我国在1986~1988年、1992~1995年和1999~2005年道路交通事故死亡人数居世界第一位。2006年以来，虽然印度超越我国成为世界上道路交通事故死亡人数最多的国家，但我国仍然处于世界第二位。我国道路交通事故死亡人数基数仍然较大。

2019年，全国共发生道路交通事故238351起，造成67759人死亡、275125人受伤，直接财产损失9.1亿元。

第二节　公路因素对交通安全的影响

公路交通的安全和效率是交通工作的重点。经过近几十年公路的发展，我国的公路基础设施日趋完善，公路运输量迅猛发展，公路运输以其快捷、便利、灵活的特点，成为我国经济发展的重要支撑。在公路交通安全方面，我国也经历了由事故高发到公路安全形势逐渐好转的过程。

虽然近几年交通安全情况有了较大改善，但同交通发达国家相比，我国的交通事故发生率、交通事故伤亡率仍然很高。在全社会强调以人为本的今天，必须采取有力的措施进一步降低交通事故带来的人员和财产损失。

导致交通事故的原因是多方面的。人、车、路、环境是公路运输系统的重要组成部分，这四大因素直接影响着公路运输的安全性，而交通事故从根本上说是由人、车、路、环境要素组成的系统失衡所引起的。

据国外公路交通事故起因调查结果，87%的事故是人为造成的，8%与公路相关，5%与车辆相关。但如将那些加剧(但不是造成)事故的因素考虑在内，则有49%的事故是人为造成的,属于公路因素的占39%,属于车辆因素的占12%。这些比例的变化说明,若把公路设计得更加科学合理,就可以将事故隐患降低大约40%。

交通事故往往不是某一独立因素引起的,而是由2个或3个因素共同作用的结果,其中与道路有关的原因占28%~44%。以上数据是道路条件及养护水平均高于我国的英、美等国分析的结果。苏联专家季沃奇金经过对境内Ⅰ~Ⅴ级公路上的约13000起道路交通事故地点的特征分析后得出结论:不良道路条件的影响是70%道路交通事故发生的直接或间接原因。欧洲联合经济委员会对预防道路不幸事件的研究结论亦相同:70%道路交通事故是由于道路的缺陷所致。

一、人的因素

人是公路安全系统中最活跃的因素,具体又包括公路规划设计者、驾驶人及其他公路使用者和公路交通运营管理者。人的因素渗透在整个系统的各个方面,影响着其他因素的作用发挥。因此,解决公路安全问题的根本指导思想是以人为本。

(1)公路规划设计者

公路规划设计者的专业技术水平、社会责任感和公路安全意识直接影响到道路设施的质量,是公路安全的内部潜在因素。

(2)驾驶人和其他公路使用者

道路使用者是公路运输活动的直接参与者,绝大多数的交通事故都与道路使用者有关。有关研究表明,因机动车驾驶人的过失造成交通事故的占87.5%,非机动车驾驶人占4.7%,行人、乘客占5.19%,其他人员占2.63%。

驾驶人是导致道路交通事故的主要因素。由驾驶人自身引起的事故原因又分为直接和间接两类,直接原因有驾驶人的感知不准、反应不当、判断失误等,间接原因又包括驾驶员生理和心理状况异常、交通法规意识淡薄和驾驶经验不足等。

另外，非机动车骑乘人员和行人缺乏交通安全意识，自我防范意识差，无视交通规则（如在非人行横道横穿公路、与机动车辆抢行等）也往往会导致交通事故。

(3)公路营运和管理者

公路营运和管理者的职业道德和执法管理水平在一定程度上影响着人们的交通行为，并直接关系到整条公路的交通安全运营状况。

二、车的因素

车辆技术状况不良是导致恶性交通事故的重要诱因之一。车辆技术状况不良主要指车辆制动和转向装置、前后桥、车轮、灯光、喇叭、仪表等有故障以及漏油、漏气、漏水，使车辆的技术性能变差，影响行车安全。提高车辆安全技术标准，加强车辆信息智能化，对改善公路安全状况意义重大。

三、路的因素

道路是公路运输的载体，道路等级、路面状况、平纵线形及组合、道路的断面构成、交叉口、互通、构造物、路侧净空以及交通工程设施在客观上都是影响公路交通安全的因素，需综合合理设计各种因素才能消除其对安全的潜在影响。

四、环境的因素

人、车、路存在于周边环境中，与环境共同构成公路运输系统。环境的概念是广义的，它包括：

(1)交通环境

在道路因素和交通管制相同的条件下，车辆在道路上运行的交通环境对安全有重大影响：通常交通事故数随交通量增加而增加；在同一路段和时间段运行的车辆类型多,速度差别大,会导致交通流的紊乱,发生交通事故的概率增大;道路上车辆分合流频繁的地区也往往是事故多发段。

(2)气候环境

天气也对交通安全有重要影响。气候条件往往会影响路面状况,影响驾驶人正确判断的能力,增加驾驶难度,比如在雨雪天、雾天等恶劣天气条件下,行车安全系数会随之下降。

(3)管理环境

有关交通管理的法律法规及安全体制是否健全且能被有效执行直接影响着公路交通安全。有些现行的法律法规相对滞后,管理条块分割和冲突现象仍然存在;道路交通管理和路政管理人员思想素质和业务素质参差不齐,这些社会现象也在一定程度上影响交通安全水平提高。交通安全教育缺少全面系统性,目前尚局限于交通管理部门。全民交通安全教育的局面尚未形成也是影响我国公路安全问题的因素之一。

第二节　公路安全问题的指导思想

一、可持续安全的理念

交通发达国家在20世纪90年代初提出了可持续安全的理念,其核心思想是在公路的规划、设计、运营等各个阶段,通过科学的预测和评价,有预见性地消除公路交通系统中可能存在的安全隐患。以可持续安全理念为指导解决公路安全问题的方法与以往方法相比其特点体现如下:

(1)综合性

在很多国家,公路安全政策都具有较强针对性。它是以选择和分析事故黑点、特别关注弱势公路使用者(行人、骑自行车者)或主要事故类型(超速、酒驾)等为基础的。一些国家的实践证明,这种针对由于基础设施不完善等原因造成的高事故率情况的安全政策，在减少事故和死亡人数方面取得了显著成果，能产生效益投资比最大的效果。

然而对于另外一些国家来说，已经采用了基本的、有针对性的措施，并取得了成效，伤亡人数正持续下降，要想获得进一步的持续性安全，就必须以人、车和基础设施之间的相互作用为基础，建立一套更综合的方法。由荷兰提出的"可持续安全"理念，就是通过工程、执法、教育三方面的途径综合解决安全问题，目的在于全面提升道路的安全水平，创造良好的安全运输环境。公路安全要素如图1-2所示。

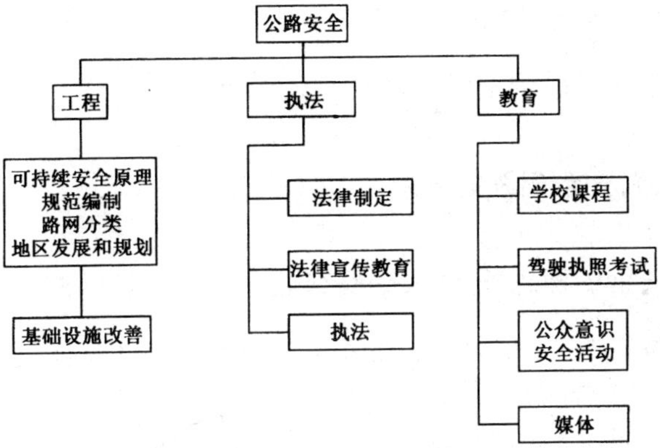

图1-2　公路安全要素

(2)主动性

促进公路安全应该是每个公路管理机构首先需要解决的问题。一般情况下，事故或死亡人数相对多的情况容易成为焦点，因此通常的交通安全策略是根据以往的经验和道路交通事故的统计数据，对于建成道路，找到交通事故频繁发生的地点，进行事故规律和原因分析，进而通过工程和管理手段实施改善。这是典型的被动安全的策略。尽管实践证明被动安全策略能显著地降低交通事故数量和事故死亡人数，产生效益投资比最大的效果，但它也存在着一定的局限性，很难从根本上消除安全隐患。

可持续安全理念解决安全问题的方法是主动的，其核心思想是预防优于改造，通过各种手段有效避免交通事故的发生，而不是在交通事故发生了以后才采取工程补救措施,真正做到防患于未然。在“可持续的安全交通”理念下,道路安全应成为建设道路基础设施中的优先指标,这样一方面由于设计原因而产生的事故概率会大幅度降低;另一方面即使事故仍然发生,产生严重或死亡事故的概率将会降为最小。

二、解决公路安全问题的流程

解决公路安全问题的方法主要有针对未营运公路的主动安全法和针对运营公路的被动安全法。两者的区别在于,被动安全方法是从事故记录入手,发现问题并分析找到问题的原因,进而采取措施改善;主动安全则是在问题出现前就预料到问题,提前采取措施,做到防患于未然。

三、解决公路安全问题的措施

在可持续安全的理念下,解决公路交通安全问题是以人、车和基础设施之间的相互作用为基础,从人、车、路方面入手,采取综合措施以取得可持续的交通安全环境。

(1)人的方面

人是公路安全运输系统中的主导和核心。解决安全问题应当以人为本,从人的利益出发,发挥人的积极性、能动性。

对公路规划设计者,应当给予安全规划设计教育,以加强其安全意识,提高规划设计安全水平,严把规划设计技术质量关,避免公路因人为设计不合理而带来的安全隐患。

对各种道路使用者,应当加强安全法规教育,使其增强安全意识和社会责任感,减少交通违法行为;还应规范驾驶人培训市场,加强驾驶人从业资格管理,提高驾驶人素质和技术水平。

对公路营运管理和执法者,也应当加强管理,使其增强安全意识,提高管理和执法水平,从而保证正常的交通秩序。

(2)车的方面

提高车辆技术状况和安全技术标准是解决公路安全的重要措施,在"智能运输系统"(ITS)技术发展的背景下,提高车辆的智能化也备受关注。未来的汽车将成为各种尖端电子技术的载体,安全技术将成为ITS的关键组成部分,汽车的"主动"与"被动"安全项目会不断增加。目前,除了应用防抱死制动装置、安全气囊、安装高位示警停车灯、CSR大灯(复杂路面折射灯)、转弯指示灯、防水玻璃、四轮转向、车速及牵引力控制装置、无线电呼救信号系统和吸能车身结构等技术外,主要围绕下面三个领域进行开发:一是信息安全技术,该技术将向驾驶人提示潜在的危险;二是控制安全技术,该技术将帮助驾驶人减少事故机会,使汽车听从驾驶人的指挥;三是冲撞安全技术,该技术将减少事故发生后的人员伤害率。

(3)路的方面

在公路规划阶段,对交通安全影响最大的是土地利用规划能否和公路规划性质和功能保持一致。目前,我国一些公路城镇街道化现象严重,道路功能不明确,给交通安全留下了隐患。再者,能否正确合理预测交通量也是保证未来交通安全的重要因素。我国很多公路实际运行的交通流量往往是设计通行能力的几倍。如路段长38.5km的京津塘公路北京段,自1991年开通以来至2005年年底,共发生交通事故4320起,伤1072人,亡219人,其中一项主要原因就是实际车流量是设计车流量的3倍,公路超负荷运转。

在公路设计阶段,技术指标设计的合理与否会影响行车安全。安全应当作为公路设计的因素。设计人员在规划设计中始终要贯彻以人为本的理念,为道路使用者提供安全、快速、便捷、舒适的公路交通基础设施。

在安全审查、评价阶段,要从用户的角度出发,寻找公路设计本身潜在的安全隐患,追根溯源,防患于未然。

在公路运营阶段,要加强公路养护和维修,加强对超重车辆的治理,保持良好的路况,以利于公路安全行车。

第二章 公路安全设计的基本理论

可持续发展是当今世界备受关注的发展理念。可持续安全理念的根本出发点是通过减少可避免的交通事故带来的损失,以避免或减少随着机动车交通需求的增长而带来的交通事故的不良影响。

第一节 可持续安全的公路设计理念

可持续公路安全设计理念的出发点是以人为本,通过改进基础设施的设计来大幅度降低交通事故发生的可能性。此外,在交通事故发生时,应尽可能地使交通事故的严重程度降至最低。

可持续公路安全设计的基本理念是公路设计应当以“人”(即交通参与者)的生理、心理特性和需要作为参考标准,考虑到各个层次不同的群体,充分体现人性化。一个可持续的、安全的公路运营环境应具有下列特点:

(1)公路设施应通过合理的设计来适应人的驾驶能力;

(2)车辆装备有简化人员操作的设施,并尽可能对交通弱势群体提供保护;

(3)公路使用者应当受到充分的教育、能得到准确的信息,能力应达到一个规定标准,在任何情况下都要意识到公路交通安全的重要。

获得可持续安全的关键在于系统地、相互协调地应用各项安全设计原则:

在公路规划阶段,对交通安全影响最大的是土地使用规划能否和公路规划性质和功能保持一致。目前我国一些公路的城镇街道化现象严重,使公路功能不单一,为安全留下了隐患。再者,能否正确合理预测交通量也是保证未来交通安全的重要因素,我国很多公路实际运行的交通流量往往是设计通行的几倍之多,其中一项主要原因就是车流量是设计交通量的3倍,公路超负荷运转。

在公路设计阶段,关键指标设计的合理与否会影响行车安全。安全应当作为公路设计的首要指标。设计人员在规划设计中应始终贯彻以人为本的理念,为公路使用者提供安全、快速、便捷、舒适的公路交通基础设施。

在安全审查、评价阶段,要从用户的角度出发,寻找公路设计本身可能潜在的安全隐患,追根溯源、防患于未然。

在公路运营阶段,应加强公路养护和维修,加强对超重车辆的治理,保持良好的路况,以有利于公路安全行车。

以人为本,应充分考虑到公路使用者的生理和心理方面的局限性。在可持续安全的公路交通环境下,整个交通运输系统的设计都要以公路使用者的局限性和能力为根本出发点,以达到预防交通事故的发生,并使交通事故的后果降至最低的目的。

第二节　公路安全设计基本原则

可持续安全的基础是系统化的方法论。公路运输系统被认为是交通参与者、道路设施、车辆和环境构成的一个复杂系统,而交通参与者是其中的主导因素。其各组成要素应当满足下述条件:

(1)公路设施:基础设施应适应公路使用者的生理和心理局限性要求。

(2)车辆:装备技术应能简化驾驶任务。

(3)公路使用者:能获得良好的信息并受过适当的教育。

(4)立法和执法环境:可以保障安全的驾驶行为。

公路安全的所有要素和运输系统之间相互作用实现了公路运输系统功能。这种相互作用宏观层次是人、车、基础设施和法律之间的相互协调,微观层次是功能、形式和用途之间的统一和相互协调(图2-1)。

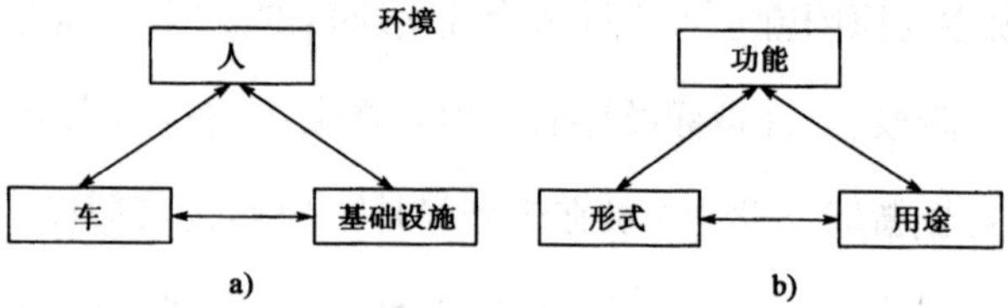

图 2-1　可持续安全的系统化方法

a) 宏观层次；b) 微观层次

(1) 功能：公路管理部门规划设计规定的公路设施的等级和作用。

(2) 形式：公路设施的物理设计和分布特点。

(3) 用途：基础设施在实际使用中的作用和用户使用基础设施时应遵守的法规要求。

在系统的观点下，这些要素必须按可持续安全的框架进行调整，在性能、形式、法规和用途之间寻求协调。采用每类公路的形式需要与其功能相一致的设计，以保证最佳安全性。为满足安全需求，应使所有种类的公路能满足功能性、协调性和可预测性的要求：

(1) 功能性：交通量将按照设想分配到公路网络上，在实际使用中各类公路应和其所设计的交通功能相符。

(2) 一致性：应避免在速度、行车方向和车辆质量方面的巨大变化。在同一时间使用同一路线或路线交叉口的各运输形式之间的速度差、车辆质量差应减至最低。

(3) 可预知性：应避免公路使用者之间的不确定性，交通状况应可以预知，公路使用者应能正确预知公路环境条件和线形变化。

一、功能性

公路系统的功能性非常重要。公路的实际使用功能应与公路管理部门的规划和设计相一致。公路网内部的各条公路各有不同的功能，按其各自等级和职能划分应具有三大交通功能：

(1)直达功能:车辆能快速、不中断地移动。

(2)集散功能:交通流能到达或离开不同区域和居民区。

(3)支线功能:提供入口,在保证街区道路安全的同时,车辆能到达和驶离居民区、商业区、车场等。

对应这三种功能的公路分别是干线公路、集散公路和支线公路或地方公路。这三类公路构成了整个公路网络体系。其中,平面(立体)交叉是实现路线转换的设施。公路连接线用来实现交通流的畅通,允许车辆停靠和转向。直达公路一般不应有平面交叉口,而应设置互通立体交叉来保证交通流的连续畅通。

公路网络中公路的职能应清晰划分。换言之,"直达交通量"或长途交通量不应出现在支路上,本地交通量也不应出现在具有干线功能的公路上。这种要求应体现在公路的具体规划设计中。支路不应成为直达交通量(即前往或驶离目前所在地区的交通量)节约时间的可选路线,而具有干线功能的公路也不应提供直达居民区、学校、工厂和体育设施等处的通路。

然而在我国目前实际情况中公路的功能往往不止一个,设计功能和实际使用用途不符,造成了不少安全隐患。如我国现有一些公路的部分路段城镇街道化严重,使这些公路具有了居住区街道功能,功能不再单一。行人、玩耍的儿童、骑自行车者、停靠的车辆以及通过的车辆都在同一区域出现,不利于交通组织和交通安全管理。因此,在空间规划时就要尽可能将很多居民区联系起来,使居民区不被干线公路分开。

[资料阅读]

八达岭高速公路

八达岭高速公路是北京至张家口国道 G110 主干线的一部分,起于北京北三环马甸桥,终于京冀交界的康庄,全长 82km。八达岭高速公路主线是北京—拉萨国家高速公路的组成部分,是北京市的一条重要的对外放射线,也是通往西北的运输干线。这条路线顺畅连接北京与延庆,对于冀煤外运、内蒙古牛羊肉进京、张家口蔬菜的销售以及对北京卫星城建设和郊县科技园的开发起着重要作用。此外,八达岭高速公路从市区直达举世闻名的八达岭长城,是北京最繁忙的旅游路线,沿线的旅游风景区星罗棋布,包括八达岭长城、十三陵、居庸关、康西草原等。在居庸关长下坡路段,从1998年11月开通到2003年9月,共发生重特大交通事故32起,导致62人受伤,49人死亡。短短5km,平均每公里就死亡10人,所以这一路段被人们称作北京的"死亡之谷"。

从上述描述可以看出八达岭高速的双重定位,既是小车、客车为主的旅游线路,又是大车、货车为主的货运线路。而这两者的需求从建设到运营管理都是相互矛盾的。八达岭高速公路由于地处山岭重丘地形,因此设计时路线的一些指标不可避免地采用部分设计极限值。先天不足而又承担着互相矛盾的双重需求,加上严重的超载等多种原因的共同作用,决定了其必然的事故多发的宿命。

可持续安全公路交通功能性的概念要求去除所有的功能组合,使公路功能单一化,也就是说应使公路的类别为纯直达公路、纯集散公路或纯支线公路。功能较多往往导致有些设计要求和交通行为规则相互矛盾,进而引发较高的事故风险。

功能单纯性的要求体现在以下几方面:

(1)使公路使用者在不安全的公路上的出行时间最短,使每次出行主要发生在功能单一且安全的公路上。

(2)出行距离尽可能短。

(3)最短和最安全的路线应没有矛盾。

可持续的安全理念在功能性方面要求各公路使用者选择既对自己也对他人安全的路线,也就是说"直达"出行不可以穿越居民区。

二、一致性

公路事故的严重程度通常是由速度、方向和车辆的质量决定的。从世界范围讲,如果将每公里的伤亡人数作为指标,那么高速公路是最安全的公路,因为尽管运行速度最高,但其相对均衡,行车方向和车辆的质量变化很小(如无横穿交通量,无行人、骑自行车者、机动自行车或慢速车辆)。在速度小于30km/h公路和居民街区,尽管交通参与者的方向和车辆质量变化较大,但相对也比较安全,这是因为车辆的行驶速度较低、不同的公路使用者之间的速度差变化较小。

速度是公路安全中的核心问题。行驶速度高,将导致较大的碰撞速度,因而产生更严重的伤害。行驶速度过高,提供给驾驶人处理信息的时间和反应时间减少,而制动距离变短,因而避免事故的可能性减少。简言之,速度过快会导致较多的事故发生,并伴随着更严重的后果。然而速度的高低并不是公路交通安全的单变量诱因,交通安全还受交通环境中车速之间的差异影响。速度之所以导致事故是因为它大于限速值,或高于当时与环境相适应的速度,而这种速度的差异是很难客观量化的。

介于干线公路和支路之间的公路需引起规划及设计人员特别注意,因为它们是最危险的。这些公路具有集散功能,而车辆运行速度很高,有很多交织点。在这些公路上实施安全改善时,要求将机动车和非机动车区分开来(如独立的人行道和自行车道)。这就减少了交通速度和质量方面的差距。在机动车和非机动车交会处,应采取较低的限速值,或对交通流的行驶进行控制(如交通信号灯、环行交叉口等)。

交通一致性要求的提出主要缘于事故分析的结果。避免某些冲突、分离不同的车型可防止很多事故的发生。随着车速的降低和路侧的无障碍化,事故严重程度会大为降低。

交通一致性要求主要包括:

(1)应避免与迎面交通流的冲突。

(2)应避免与横穿交通流的冲突,特别是在平面交叉口处的慢速移动车辆。

(3)分离车型。

(4)降低潜在冲突点处的速度。

(5)避免沿行车道存在障碍物。

三、预知性

为防止公路使用者之间的不确定性,公路在建设、设置标志和标线时应使公路使用者明确公路上会发生哪些行为。换言之,公路必须具有"自我识别性"。为便于清晰地区分各公路类别,公路等级的数量应受到限制,同一类型公路的设计和设置标准应尽可能统一。这样公路使用者就会明确他们行驶在这样的公路上应采取哪些驾驶行为,也能更好地预测其他公路使用者的驾驶行为。对于具有"自我识别性"的公路,使用者将知道以多高的速度驾驶、如何预测来自其他公路的交通流、在公路上是否有骑自行车者等慢速交通对象。

(1)可识别性和可预知性要求

①通过清晰的线形设计和标志、标线的设置避免不可预测的行为;

②使公路类型能够被识别;

③限制每一类公路设计要素的数量并使其保持统一。

协调性要求的目的是使交通环境秩序化:统一措施、统一标志和标线的设置。对可持续安全来说,限制公路种类的数量非常有利于公路的种类识别,这样可以使不同种类的公路之间区别很大,而同一种公路内部之间区别很小。在可持续安全的交通系统中,人处于核心位置。人的行为(大部分)是不能预测的,对其行为的影响不能长期保持。因此在可持续安全系统下,以人作为参考对象,来考查其他的系统要素。

(2)可识别的公路类型

可识别的公路类型是指在可持续安全的交通系统中,公路使用者知道针对所在的公路应采取什么交通行为,从其他公路使用者处期望能获得什么信息。强调每种公路的可识别性可增加其可预测性。为保证正确的预知水平,应采取两个步骤:

①公路使用者必须能通过少量的设计要素来认识公路类型;

②根据所受教育和经验,公路使用者应该清楚与目前公路类型相联系的交通状况。

满足公路的功能、形式、用途的协调统一,即使公路设计满足功能性、一致性和可预知性的要求,以降低驾驶人的工作强度(或脑力强度),对驾驶行为产生积极的影响。对运营方面少量的要求就能保证交通情况的可预见性,这里包括连续的纵向公路要素:

(1)纵向路面标线。

(2)行车方向的分离。

(3)清晰的路面材料。

(4)设置车辆故障区域或无障碍物区域(如高速公路的紧急车道、爬坡车道等)。

(5)在同一公路类型内良好的交叉口类型。

上述情况是一种理想情况,是交通管理部门持之以恒的追求。在安全方面获得的一些实施经验也需要持续的评估和调整。公路管理部门应当认识到,树立“可持续安全”理念的过程是渐变的过程,上述理想情况需要很长时间的持续改造才能实现,这可能需要一两代公路人的持续努力。

[资料阅读]

荷兰不同功能公路物理特征

设计和环境对驾驶人预知性的影响是非常重要的。经过长时间的讨论和经验积累,荷兰道路管理局有以下几方面的设计经验:

(1)直达公路设计要求

①物理隔离(对向行车方向之间);

②设置紧急停车带;

③主路具有优先权;

④设置连续车行道边缘线(0.2m 宽);

⑤无平面交叉口或有少量信号控制的平面交叉口。

(2) 集散公路设计要求

①对向行车方向非物理隔离，中心采用双实(虚)线；

②主路具有优先权；

③非连续的车行道边缘线(3m 长实线，3m 间距，0.15m 宽)；

④有信号控制的平面交叉口。

(3) 支路设计要求

①无中心标线；

②分离的自行车道；

③在有效果情况下设置具有优先权的交叉口；

④无车行道边缘线，在有效果情况下采用非连续的车行道边缘线(1m 长实线，3m 间距，0.1m 宽)。

第三节　公路分类

公路的设计应与其功能相适应，目前的高速公路和城市支路是很明确的。不过，集散公路的设计通常有很大的差异。在农村地区的直达公路上，高速行车是可能的；在连接公路上，限速值较低(特别是在交叉口处)；在支路上，限速值甚至更低。公路的设计应能使公路“自动”在规定的理想速度下运行。

目前，荷兰《公路安全设计手册》规定的公路分为有直达公路、集散公路、支路三类，现详细描述如下。

(1) 直达公路

直达公路可分为两类(表 2-1)，但每一类有其本质的特征(每一类的设计应尽可能不同)。

表 2-1　直达公路的本质特征

Ⅰ类:高速公路	Ⅱ类:快速干线公路
限速值 100km/h 或 120km/h	限速值 100km/h
设计速度 120km/h	设计速度 100km/h(90km/h)
分离式互通立交	分离式互通立交
物理分离	物理分离
至少 2×2 车道	至少 2×1 车道,最大 2×2 车道
紧急停车带	紧急停车港湾和(或)半硬路肩
齐全的交通标志标线等设施	齐全的交通标志标线等设施

(2)集散公路

集散公路也分为两类(表 2-2),每一类也有其本质的特征(每一类的设计应尽可能不同)。

Ⅰ类:双向双车道公路;

Ⅱ类:双向单车道公路。

表 2-2　集散公路的本质特征

Ⅰ类:双向双车道公路	Ⅱ类:双向单车道公路
限速值 80km/h	限速值 80km/h
设计速度 80km/h	设计速度 80km/h
车行道物理分离	行车方向非物理分离
优先通行公路,2×2 车道	优先通行公路,2×1 车道

续　表

Ⅰ类:双向双车道公路	Ⅱ类:双向单车道公路
电动自行车和自行车禁入,平行存在有自行车道或服务道路	电动自行车和自行车禁入,平行存在有自行车道或服务道路
交叉口设计为环行或设置信号灯的具有优先权的交叉公路	交叉口装备有减速设施或设计为环行交叉口
与支路的连接数量有限	与支路的连接数量有限
紧急停车港湾或半铺路面的路肩	紧急停车港湾和半硬路肩
非连续的车行道边缘线	非连续的车行道边缘线

(3)支线公路

支线公路的路面宽度为2.5~6.00m。机动车辆的车道宽度(行车道中间)为2.50~3.50m。路面宽度是指上述车道的宽度再加上两个非硬性规定的自行车道的宽度(非连续实线,无自行车的符号或象形图)。支线公路也分为两类,每类有其基本特征。

Ⅰ类:车辆的车道与自行车道分开,有些有优先通行的交叉口;

Ⅱ类:所有公路使用者使用同一车道,无优先通行的交叉公路。

支路与集散公路的交叉口一般采用环行交叉口或三路、四路交叉口的形式。集散公路在交叉口前后100m处各设置了隆起的平台,支路交叉口处可以有选择地设置一个隆起的平台。

Ⅰ类支线公路设置了自行车道(非连续标线,红色路面)和隆起的平台(将车速降至60km/h)。Ⅱ类公路无标线,但设置了半硬化的路肩。

第四节　公路路网分类

在几乎所有的国家,现有公路网络都是逐步形成的。例如,很明显某些村庄互相连接起来后形成了大的城镇。在很多情况下,村庄之间的连接公路变成了新城镇的一部分,而其原始功能并未丧失。因此,可以设想这个过程使公路的功能、设计和用途不能相互协调,现在的问题是:如何在合理的费用内将现有公路网络改造为可持续安全的公路网络。

在设计新路或改建现有公路时,公路安全是一个重要方面,此外还有公路线位走向、预算、公路功能、通行能力、环境等因素。在荷兰《公路安全设计手册》论述的可持续安全理论中,分类应作为“最优目标”,该目标必须预先和其他“目标”(如可达性、环境问题和道路规划等)一起考虑。按这种方式,不同的部门之间可以在不同的政策之间通过早期合作来获益。因此,通过对公路网络进行分类来实现可持续安全的想法可以一步一步地来实现。

当每一步中并非所有的情况都能完成时,这种阶梯式的计划可以认为是交互式的,可以再返回到上一步骤。这样,分类化的公路网络就形成了。在建立了总的网络后,就可以做出选择,并投入到运输计划或设计中。

依可持续安全理论建立最高层次的基础设施网络后,其中的每个公路网络必须实现三个基本功能,并允许每个公路使用者:

(1)能从起点到达终点(直达功能)。

(2)能到达并驶离有多个目的地的地区(集散功能)。

(3)能到达公路或街道旁边的居民区(支线功能)。

这样,一个公路网络就具有了如下三个功能(图 2-2)。

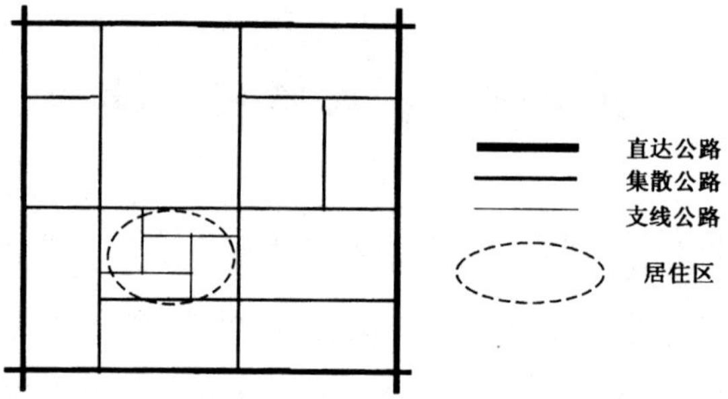

图 2-2　按照可持续安全理念建立的公路网络分类

(1)直达公路(直达功能):能保证长途交通的高速运转,通常交通量很高。

(2)集散公路(交通流和支线之间的转换):服务于含有分散目的地的地区和区域。

(3)支线公路(支线功能):能直接到达目的地或街道沿线的居民区。

一般情况下,公路和街道具有一个以上的功能,这种功能的组合使事故率上升。这也就是为什么在可持续安全的公路网络下每条公路只应拥有一个功能的原因。

在公路的施工图设计阶段,公路的各路段与路线交叉相比,要实现不同的目的(表 2-3)。平面交叉口用于交通流的转换(允许行车方向的改变等),而公路路段主要是便于交通流的通畅。例外情况是支线公路,交通方式没有分离,速度较低,各类型的公路使用者都使用这些道路。具有直达功能的主要公路(高速公路)没有平面交叉口,但为实现交通流转换,采用了互通式立交的形式。

表 2-3　不同的公路类别上公路交叉口的用途

公路类型	公路要素	
	连接线	交叉口
直达公路	交通流	交通流

续　表

公路类型	公路要素	
	连接线	交叉口
集散公路	交通流	转换
支路公路	交通流	转换

路网改造第一步是将公路加以分类,即每条公路必须只能实现一种功能。然后,根据设计标准来确定适当的设计。当给一条公路确定功能时,应根据三类公路来建立一个逻辑公路网络:交通流功能(直达公路)、集散功能(集散公路)和支路功能(支路公路)。

可持续安全首先从负责公路施工和养护的管理部门制订分类计划开始。第一步是就各公路的功能达成一致意见。这些分类计划的目的是将路网层次中公路等级的数量减少到3个(居民区外的区域)和2个(城市区内)。这些公路的设置最终必须能使其很独特并便于公路使用者识别(即"自我解释"公路的概念)。

不同种类专家的意见必须要综合起来,以便能建立一个框架,对未来建设的每条公路的功能进行规定。在这个计划中,一个区域内的每条公路只能指定一个功能,且这个功能要求已经确定。公路和街道的设计能满足相应的功能要求,这是一个关键步骤。

第三节　公路安全性能预测理论及方法

公路交通事故数预测是从"量"的角度描述交通事故发生次数与影响因素之间的相互关系,从而揭示事故总体在一定条件下的数量特征和数量关系。

一、路段划分

通常路段划分采用定长形式,每一个路段长度为 1km。路段划分及相关计算参数如表 2-4 所示。

表 2-4　事故预测路段划分表

起点	终点	长度	EXPO	加权后的坡度变化值(%)	平曲线平均转角(°)	纵断面加权坡度(%)
K126	K127	1km	31.13049	0.3425	0.00	0.13
K127	K128	1km	31.13049	0.3425	16.59	1.42
…						

二、事故数预测

根据预测交通量、交通组成、平纵线形数据和表 2-4 路段划分情况,利用预测模型预测交通事故总体情况,如表 2-5 和图 2-3 所示。

表 2-5　预测事故数表

路段起点	路段终点	预测事故数(起)
K126	K127	2.32
K127	K128	3.98
…	…	…
预测事故总计		210.72

续　表

路段起点	路段终点	预测事故数(起)
预测事故均值		3.76
预测事故方差		1.11

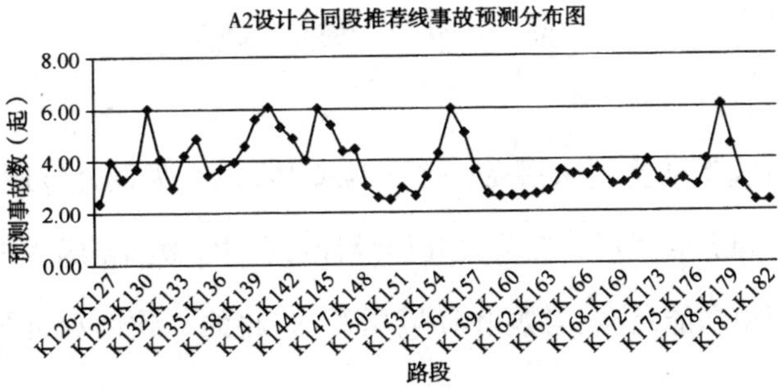

图 2-3　预测事故数分布图

三、总体安全性分析

根据预测事故数情况，从以下方面分析路线设计安全性的空间差异。

(1)根据预测事故方差值，分析事故次数离散性，从而得出安全水平总体空间差异。

(2)通常根据预测事故数，按 85%(或 95%)标准提取事故相对较多路段。

(3)分析事故相对多发路段平纵线形设计情况和可能存在的不利交通安全因素，提出安全改善措施。

第三章　公路线形安全设计

第一节　概　述

公路几何线形从空间来讲是一个三维立体线形,为设计方便,公路线形被分为平面线形和纵面线形。在公路几何设计过程中,做到平纵面线形的协调对获得公路的理想功能、公路景观和环境质量、公路的一致性和可辨认性是非常重要的。

线形设计与设计速度和行驶速度有关。设计速度目前被用来决定其他的设计要素,如平纵面线形的设计要素等。通过特定的车速和与之相一致的线形设计的结合,就可产生预期的交通状态。

公路线形设计的合理与否,直接影响公路的交通安全。国内外的研究表明,很多事故发生在长直线路段、陡坡急弯路段、连续弯道路段等,即线形设计存在缺陷的路段。在公路的实际运营过程中,也会发现事故多发路段多存在明显设计缺陷,而几何设计的缺陷是主要因素之一。因此,在设计过程中,应对线形设计的技术指标予以更多地考虑,不能机械地执行标准规范的条文规定,而应根据不同地区的特点和具体情况进行灵活运用。

我国的公路路况较差,交通事故隐患多,特别是山区公路,线形技术指标较低,经常成为事故多发路段。除线形技术指标这一原因外,线形组合也是一个主要问题。某些线形组合符合设计规范要求,但安全性很差,因此,研究事故率与线形的关系,在评价公路的安全性,以及如何有针对性地对不符合安全要求的线形采取有成效的改善措施,具有重大的意义。

第二节　设计速度与运行速度

一、设计速度和运行速度的基本概念

设计速度是指在行车条件良好、公路设计要素均起控制作用的情况下，汽车在公路的特定路段上能保持的最高安全速度。设计速度是和公路几何指标相互关联的一个参数，并用于评价公路的服务水平。

设计速度是公路设计中的最基本参数，设计速度确定后，公路线形的几何设计指标也随之确定。根据对已运营公路行驶速度的观测，设计速度与行驶速度的差别往往比较大。另外，采用设计速度来确定几何设计指标，往往从单一要素来看是符合行驶速度要求的，但当多个符合设计指标的要素组合后，效果不一定能够满足行驶速度的要求，往往带来事故隐患。为此，澳大利亚、法国等引进了运行速度的设计理念。我国也在 2004 年颁布实施了《公路项目安全性评价指南(JTG/T B05—2004)》，其中提出了运行速度的概念，并给出了运行速度的计算方法及运行速度协调性的评价标准。

运行速度(operating speed)是指当交通处于自由流状态，且天气良好时，在路段特征点上测定的第 85 个百分位上的车速。行驶速度是一个随机变量，不同的车辆在行驶过程中可能采用不同的行车速度。研究表明，在公路路段上汽车的行驶速度一般呈正态分布。以运行速度 V_{85} 来控制设计是考虑到绝大部分小汽车的实际行驶速度在设计上能够得到满足，从而保证了交通流中大部分汽车的安全。

二、引入运行速度的必要性

在公路设计中，只要所选用的最小几何线形指标大于选定的设计速度所对应的最小几何指标，就认为设计是符合规范要求的，因而从理论上讲，在正常条

件下汽车行驶于该公路上的安全是有保证的。然而,从实际运行情况来看,独立单项指标符合规范要求的公路几何线形,并不能有效地保证汽车行驶的安全性。另外,行驶速度一般高于设计速度,满足设计速度的几何线形指标不一定能够满足行驶速度所要求的几何线形指标。

从驾驶员的驾车本性来讲,只要公路条件允许,驾驶员总是倾向于采用较高的速度行驶,因而汽车在设计指标较高的路段总是以远大于设计速度的速度行驶。当在行汽车由设计指标较高的路段进入设计指标较低的路段时,因驾驶员不能及时意识到行驶速度过高或当感觉速度过高时安全距离不足,很容易引起交通事故。

三、运行速度的预测方法

《公路项目安全性评价指南》中以运行速度作为公路安全评价的一个重要指标,利用预测的运行速度对项目的路线、路基路面、桥梁、隧道、路线交叉和交通工程及沿线设施进行评价。

《公路项目安全性评价指南》中对于运行速度 V_{85} 的计算方法有两种:

(1)交通运输部公路科学研究院《运行速度设计方法与标准》的研究成果;

(2)修正后的澳大利亚计算方法。

后者存在预测速度特征点偏小的缺点,仅适用于小客车;前者相对较完善。

四、设计速度与运行速度的匹配

在公路设计中,必须使设计速度与运行速度的几何线形指标相匹配,才能保证公路交通的安全。主要从以下两个方面进行检验。

(1)采用运行速度对公路设计进行检验。为了使在行汽车的实际行驶速度与公路设计几何线形指标相适应,在高等级公路线形设计过程中可根据运行速度进行检验。检验的依据是公路的设计车速 V 与运行速度 V_{85} 之差的最大值应小于 20km/h,如果检验的结果满足标准,说明确定的设计车速是适宜的。

此外，连续的公路线形能大大提高在行汽车的行车安全性。公路的安全性往往不在于单个曲线指标的高低，而在于整条路线线形的流畅。因而，对于公路几何指标变化较大的路段，应使相邻路段运行速度 V_{85} 之间的差值 $|\Delta V_{85}|$ 小于 10km/h，以保证公路线形的连续性。

(2)采取交通工程方面的措施。当由于地形、地质等方面的原因，使已设计的公路线形无法修正或当修正公路线形的费用与效益比较差时，可以采取交通工程方面的措施来弥补公路几何线形设计上的不足。如通过增设必要的交通安全设施，即交通标志及修建防撞护栏等，可弥补公路线形设计上的不足，提高公路交通安全性。

公路几何线形设计的发展趋势，将从基于车辆动力分析的旧有模式，向考虑人、车、公路系统综合因素的方向发展。采用运行速度 V_{85} 进行公路路线的设计与检验，以及采取必要的交通工程措施，更多地考虑了人、车、路的关系，使设计与实际相贴近，基本上解决了采用设计速度进行设计所带来的线形标准不一致、几何线形要素之间不相容、设计车速与行驶速度的差距大等问题。

第三节　视距及其检验方法

一、驾驶视距

驾驶视距是能够安全、舒适地驾驶所需的公路可视长度。在直线路段行车速度和驾驶视距的关系见表 3-1。

表 3-1　行车速度与驾驶视距

行车速度(km/h)	行车时间(s)	驾驶视距(m)
60	8	135

续　表

行车速度(km/h)	行车时间(s)	驾驶视距(m)
80	9	200
100	10	280

安全舒适地进入平曲线的必要视距由驾驶员感知—反应时间所行驶的距离和必要的对曲线长度的认识时间所行驶的距离组成。对曲线长度的认识时间是从认识到曲线的存在到识别出曲线要素所经历的时间。行车速度与驾驶视距的关系见表 3-2。

表 3-2　行车速度与驾驶视距

行车速度(km/h)	曲线前视距		曲线可视部分		总视距	
	时间(s)	距离(m)	时间(s)	距离(m)	时间(s)	距离(m)
100	2	55	3	85	5	140
80	1.75	40	3	65	4.75	105
60	1	20	2	35	3	50

公路交叉是公路交通局部的中断,在大的平曲线上能够有效定位交叉,这对公路安全具有重要意义。调查表明,曲线上的交叉比直线上的交叉发生事故少 20%,事故伤害少 30%。

在平曲线中视距受到限制的路段,竖曲线中凸曲线和凹曲线的驾驶视距是不相同的。对于凸形竖曲线,使用驾驶视距的标准来进行设计,就会需要过大的竖曲线半径,常常导致过度开挖。故采用驾驶视距标准的设计不能保证设计的经济可行。很多时候使用停车视距进行设计也是必需的,虽然降低了公路安全标准。我们可以采用费用效益分析的方法来确定采用哪种视距进行设计。凹形竖曲线产生的问题常位于隧道中或构造物下，特别是对于货车或大的公交车。凹形竖曲线的曲线半径由视线高度、坡度、净空和合理视距决定。凹形竖曲线的可视性在夜间也受到影响，车头灯的照明好坏是个关键的因素。

二、停车视距

汽车在路上行驶时，驾驶员看到前方障碍物，紧急安全制动所需的最短距离称作停车视距。

停车距离由四部分组成，即：

$$S_{停}=S_1+S_2+S_3+S_0 \tag{3-1}$$

式中：S_1——由感知到反应期间所行驶的距离；

S_2——执行必要反应所行驶的距离（制动、转向或调整）；

S_3——辨别出某种设计要素，如曲线或障碍物所行驶的距离；

S_0——为舒适或保障安全所需预留的距离。

停车视距是最重要的视距，在公路沿线每个点必须具有足够的停车视距。停车视距是驾驶员必须能够看到的前方距离以确定公路上的危险，在必要时安全停车的距离。

我国公路工程技术标准中对停车视距的规定值，见表3-3和表3-4。

表3-3　公路停车视距

设计速度(km/h)	120	100	80	60	40	30	20
停车视距(m)	210	160	110	75	40	30	20

表3-4　城市道路停车视距

设计速度(km/h)	80	60	50	45	40	35	30	25	20	15	10
停车视距(m)	110	70	60	45	40	35	30	25	20	15	10

图 3-3 显示了停车视距与驾驶速度和坡度的关系。

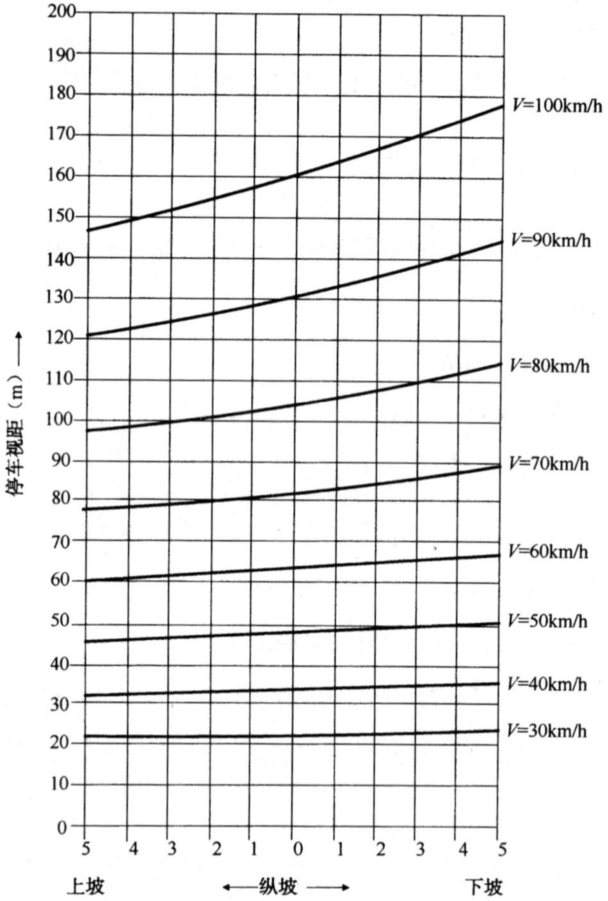

图 3-3　停车视距与驾驶速度和坡度的关系

三、超车视距

汽车行驶时为超越前车所必需的视距称作超车视距。《公路工程技术标准》规定，双向行驶的双车道公路根据需要，应结合地形在适当间隔内保证具有超车视距的路段。

超车操作开始时，驾驶员是否有能力估计交通流的必要间隙是一个决定性因素。超车视距在时间上有一个范围，基本上是 16～25s。表 3-5 给出了超车视距与设计速度关系。

表 3-5　超车视距与设计速度

设计速度(km/h)	最短视距(m)	临界视距(m)	可接受视距(m)
100	450	405~700	>700
80	350	350~500	>500
60	270	270~350	>350

在可持续安全设计概念中,超车最好能够禁止甚至使其不可能完成。

四、会车视距

会车视距为两辆对向行驶的汽车能在同一车道上及时制动所必需的距离。会车视距由三部分组成:

(1)双方驾驶员由感知到反应期间所行驶的距离;

(2)双方驾驶员执行必要反应所行驶的距离;

(3)双方驾驶员辨别出某种设计要素,如曲线或障碍物所行驶的距离;

(4)为舒适或保障安全所需预留的距离。

由会车视距的组成可知,会车视距约为停车视距的两倍。

第四节　平面线形

平面线形由直线、圆曲线和缓和曲线组成。直线是平面线形要素中的基本要素之一,适用于地形平坦、视线目标无障碍处。圆曲线是最常用的基本线形,当路线遇到障碍或需要改变方向时采用。在直线和圆曲线之间一般设置缓和曲线,使人所感受到的离心力逐渐变化,增加驾驶的舒适性。

一、直线

直线是平面线形中的基本要素之一，且有能以最短的距离连接两控制点和线形易于选定的特点。直线适用于地形平坦、视线目标无障碍处。在平原区，直线作为主要线形要素比较适宜。直线有测设简单、前进方向明确、路线短捷等优点，直线路段能提供较好的超车条件，对双车道公路有必要在间隔适当距离处设置一定长度的直线。

直线是两点间最简捷的路线，但是直线的几何形态灵活性差，有僵硬而不易协调的缺点，所以难以适应地形的变化；而且过长的直线易使驾驶员产生单调、倦怠，注意力不集中，甚至感觉迟钝，反应缓慢，难以准确目测车距，还会导致超高速行驶状态，这些均易造成事故。在《公路路线设计规范》中，对直线的长度给予了限制，要求直线的长度一般不宜超过设计车速的20倍，并要求在长直线两侧地形过于空旷时，采取栽植不同树种，设置风格各异建筑物等方式，减轻景观单调的感觉。

国内外高等级公路建设的经验及趋势表明，直线在公路线形中所占的比例日益减小，而曲线所占比例逐渐增加，如我国沈大公路曲线长占整个线路的60%。特别是对于山区路段，长直线不但难与地形、路线沿线景观相适应，而且经常造成路基工程的大填大挖，桥梁、隧道长度增加。所以，山区公路客观上需要直线比例下降，曲线的比例增大。

在强调线形设计以曲线为主的情况下，要从客观条件出发，实事求是，不能生搬硬套，一味地追求以曲线为主，增加不必要的工程量和工程投资。在107国道湖北段设计中，一段路沿铁路平行，根据地形条件，设置了7km多的直线，这比规范要求的最大长度更长一些。但是因为沿线公路纵向有多处起伏，减弱了长直线的单调性，并且采取绿化等措施，增加了一些景观效果，使公路运营效果也比较理想。

一般来说，直线长度不应大于设计速度的20倍，如果大于此数值，除采用大半径曲线外,可采取加强沿线的绿化,做到草灌结合,散丛结合,从而达到自然景观与再造景观的和谐统一,或增设交通标志及振动标线等交通工程措施。《公路路线设计规范》规定,两圆曲线间以直线径相连接时,直线的长度不宜过短。同向曲线间的最小直线长度宜为行车速度的6倍,反向曲线的最小直线长度为行车速度的2倍。

二、平曲线

(1)圆曲线。圆曲线的应用使公路景观更活泼。由车辆速度和曲线半径产生的离心力,被超高和横向摩阻力所抵消。

《公路路线设计规范》对圆曲线最小半径规定见表3-6。

表3-6　圆曲线最小半径

设计速度(km/h)		20	100	80	60	40	30	20
最小半径(m)	一般值	1000	700	400	200	100	65	30
	极限值	650	400	250	125	60	30	15

一般值是指正常情况下的采用值,极限值是指条件受限制时可采用的值。圆曲线半径最大值不宜超过10000m。对于平曲线半径的取值,可用查图表的方式,具体见图3-5。

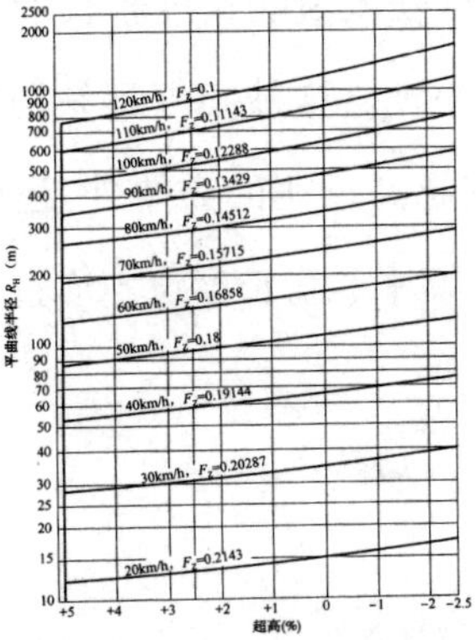

图3-5　最小平面曲线半径取值

连续的同向圆曲线从景观上来考虑并不理想。同样,反向圆曲线在应用时也有所限制。如图 3-6 所示,曲线半径应该在两个黑色区域之间。举例来说,如果一个半径为 300m,则与之连接的曲线半径应该在 200~500m 之间。曲线半径值落在黑色区域内也可以接受,但并不理想。

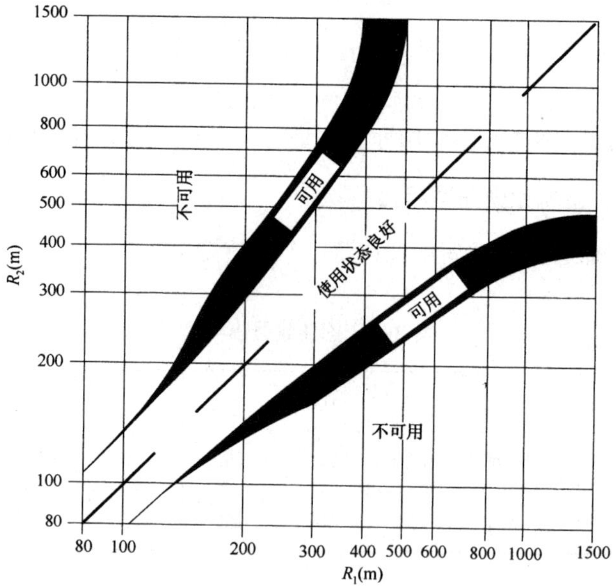

图 3-6　曲线半径的选择

圆曲线的长度对公路安全有一定的影响。在沿线进行的驾驶员调查中,我们发现,大部分驾驶员在驾车驶入曲线长度较长的平曲线路段时,会产生提高车速,尽快驶出曲线路段的心理。这种心理容易诱发交通事故。另外,平曲线长度除应满足设置回旋线或超高过渡的需要外,还应保留一段圆曲线,以保证汽车行驶状态的平稳过渡。即平曲线长度也不应过短,《公路路线设计规范》对最小圆曲线长度规定见表 3-7。

表 3-7　最小圆曲线长度

设计速度(km/h)		120	100	80	60	40	30	20
最小长度(m)	一般值	600	500	400	300	200	150	100
	最小值	200	170	140	100	70	50	40

圆曲线转角不宜过小。当公路出现小偏角时,平曲线的长度将被看成比实际的短,驾驶员容易产生急转弯的错觉而急忙操作方向盘,易造成行车事故,偏角愈小愈明显。对于设计速度较低的公路,小偏角对行车安全影响不大,在工程环境艰巨路段设置小偏角还是可以的。但是对于公路等设计速度较高的公路,设置小偏角一定要慎重。

(2)缓和曲线。平曲线的前面和后面常常是缓和曲线。缓和曲线的定义为:在直线和曲线间或曲线和曲线间的过渡段。设置缓和曲线的目的在于通过曲率的逐渐变化,适应汽车转向操作的行驶轨迹及路线的顺畅,缓和行车方向的突变和离心力的突然产生;使离心加速度逐渐变化,不致产生侧向冲击,并缓和超高。缓和曲线能降低交通事故发生的可能性。在一定范围内,交通事故率随着缓和曲线长度的增加而降低。

缓和曲线符合汽车行驶轨迹,能够保证车辆行驶的安全和乘车人员舒适性,而且可以诱导驾驶人员的视线,调整平面线形与沿线环境以及周围景观相协调,保证公路线形的均衡和连续性。为了保证曲率缓和、行车缓和、超高和加宽缓和,缓和曲线必须具有足够的长度。我国《公路工程技术标准》中规定缓和曲线的最小长度主要从曲率缓和考虑,以保证驾驶员从容驾驶和乘车舒适为目的,用 3s 行程作为缓和曲线最低限度的控制值。在一般情况下,当圆曲线部分需设置超高时,缓和曲线还应满足超高过渡的要求,缓和曲线的长度至少能完全包括超高缓和段的长度,但如果按超高渐变率求出的缓和段长度比缓和曲线还要长时,则必须延长缓和曲线路段。

在实际设计工作中,缓和曲线并不单纯作为曲率和超高变化的缓和段,也作为在视觉上获得圆滑线形的条件。缓和曲线长度随着圆曲线半径的增大而增长,以利于视觉和线形美学上的要求,使线形美观协调。缓和曲线的线形是回旋曲线,它是一个螺旋形的线,直径和长度成反比。公式为:

$$A^2 = R \cdot L \tag{3-1}$$

式中:L——从缓和曲线起点开始的距离;

R——起点的半径;

A——常数(基于理想速度)。

由于可视性的原因 A 的值要尽可能小。因此 A 值的范围为:$1/3R_C<A<R_C$(R_C 为圆曲线半径)。A 的最小值与设计速度有关:

①设计速度 100km/h,A 的最小值为 207;

②设计速度 80km/h,A 的最小值为 117;

③设计速度 60km/h,A 的最小值为 76。

我国《公路路线设计规范》对缓和曲线的最小长度的规定见表 3-8。

表 3-8　缓和曲线最小长度

设计车速(km/h)	120	100	80	60	40	30	20
最小长度(m)	100	85	70	60	40	30	20
一般值(m)	130	120	100	80	50	40	25

三、平面线形组合

(1)基本型。为直线—缓和曲线—圆曲线—缓和曲线—直线的组合。基本型的两个缓和曲线应符合缓和曲线的规定,但不必要求相等,可根据地形等条件设计成非对称形曲线。为使线形连续协调,缓和曲线—圆曲线—缓和曲线的长度之比最好设计成 1 : 1 : 1。

(2)S 形。为用两个缓和曲线连接两个反向曲线的组合。S 形相邻两个缓

和曲线参数 A_1 和 A_2 宜相等。当采用不同的参数时，比值应小于 2；有条件时，以小于 1.5 为宜。

公路，当 $A_2 \leqslant 200$ 时，A_1 应不大于 A_2 的 1.5 倍，两圆曲线半径之比不宜过大，以比值小于 2 为宜。反向曲线如设计不当，会引起车辆的不稳定。因此，反向曲线间宜设置反向回旋线，每一回旋线长度不小于规定的最小长度要求。在曲线反向点，纵向坡度应保持在 1%～3%，以利排水。

(3)卵形。为用一个回旋线连接两个同向圆曲线的组合。卵形曲线的缓和曲线参数宜符合下式的规定：

$$A = R_2/2 \sim R_2 \tag{3-2}$$

式中：A——缓和曲线参数；

R_2——小圆的圆曲线半径。

两圆曲线半径之比以 $R_2/\sim R_1 = 0.2 \sim 0.8$ 为宜。

(4)凸形。为两同向缓和曲线间不插入圆曲线而直接径向衔接的组合。一般情况下，最好不采用凸形曲线，只有在地形受限制的山嘴等处使用。

(5)复合曲线。为两个以上同向缓和曲线间在曲率相等处相互衔接的组合。缓和曲线参数之比以小于 1.5 为宜。

复合曲线除因地形或其他特殊原因限制外，一般很少使用。驾驶员对复曲线的曲率判断困难；在半径变化不明显的地方，驾驶员容易偏离车道；沿行驶方向复曲线半径较小时，尤其是在较陡下坡路段上，货车制动易发生危险；当位于中间的平曲线半径大大超过两侧相邻曲线半径时，易形成“断背曲线”的不良视觉。断背曲线是复曲线的一个特殊形式。由于视觉较差，断背曲线不受欢迎。如果视距不足，驶向小半径曲线的货车还可能会因制动不及时而产生危险。

第五节　超　高

一、超高的取值

当采用的圆曲线半径小于不设超高的最小半径时，为抵消车辆在曲线路段上行驶时所产生的离心力，将曲线段的外侧路面横坡做成与内侧路面同坡度的单坡横断面，这样的设置称为超高。当汽车行驶在设有超高的弯道上时，汽车自重分力将抵消一部分离心力，提高了行车的安全性和舒适性。但是，公路超高设计不当或未设超高可能引起滑动事故。为此，超高横坡度的大小必须受到严格的限制，必须按现行《公路工程技术标准》执行。限制超高横坡度最大值的目的，一是防止车辆在曲线超高路段停留时的侧向滑移；二是保证在纵坡陡、超高大的情况下，合成坡度不过大，保证行车安全。而设置超高最小值的目的是保证在纵坡缓、超高小的情况下合成坡度能满足标准规定的最小合成坡度的要求，保证路面排水通畅。

实际设计工作中，超高横坡值的大小可根据行车速度、圆曲线半径大小、路面结构类型、沿线自然条件、车辆组成的情况来确定。

在直线段，标准的横坡度是2%，这是为排水而设计的。单一车道的路面常被设计成拱形。在曲线段，拱形逐渐过渡成单向坡度，主要目的是抵消部分离心力和提高曲线段的可视性。

最大的理想超高是5%，特殊情况下可增加到8%~10%，以增加曲线段的可视性。与纵坡组合，最大的合成坡度不能超过10%。

我国《公路路线设计规范》对各级公路圆曲线部分的最大超高值规定见表3-9。

表 3-9　圆曲线最大超高

公路等级	公路、一级公路	二、三、四级公路
一般地区(%)	8 或 10	8
积雪冰冻地区(%)	6	

二、超高的渐变段

圆曲线超高值确定后,需要把设置超高的圆曲线路段与不设超高的标准横坡度路段(直线路段和不设超高的圆曲线路段)圆滑地连接起来,这一过程就是超高的过渡。它是通过路面围绕横断面设计的基准点的旋转来实现的,因而所谓超高的过渡就是如何沿公路的前进方向扭转路面的问题。超高的过渡,一般是在圆曲线两侧缓和曲线全范围内完成的,如果超高过渡的比率(超高渐变率)过大,超高过渡的长度(超高缓和段长度)较短,过渡就会很急促,形成行车道边缘超高的突变,造成路面扭曲,影响路容美观和行驶的舒适性。反之,超高缓和段过长,横坡变化过缓,不利于路面积水的排除,危及行车安全。这两种情况在设计中是应该尽力避免的。

超高渐变率就是超高过渡的比率,它是行车道边缘线(有路缘带的为路缘带边缘线)相对于旋转轴基准点上升或下降的比率,它是随着旋转轴位置的不同而变化的。因此,设计中,在确定超高渐变率之前,首先应确定旋转轴的位置,如果不管旋转轴位置如何而采用统一的超高渐变率,由于旋转轴基准点到行车道边缘线的距离不同,路面围绕基准点旋转的角速度也不相同,当以中线为旋转轴时,距离较小,其扭转变化较快,乘客就会感到不适。因此,超高渐变率,既要考虑到行车道边缘相对升降的速度,同时也要对围绕基准点旋转的角速度有所限制。超高渐变率应控制在《公路路线设计规范》所规定的最大超高渐变率和最小超高渐变率之间,并结合路面结构类型和项目沿线的自然气候条件进行选用。

超高渐变率确定后，即可根据公式(3-3)确定超高缓和段的长度：

$$l_C = B \times \Delta i / P$$

(3-3)

式中：l_C——超高缓和段长度；

B——旋转轴至行车道边缘的宽度；

Δi——超高坡度的代数差；

P——超高渐变率。

我国《公路路线设计规范》对超高渐变率按旋转轴位置规定见表 3-10。

表 3-10　超高渐变率

设计速度(km/h)	超高旋转轴位置	
	中线	边线
120	1/250	1/200
100	1/225	1/175
80	1/200	1/150
60	1/175	1/125
40	1/150	1/100
30	1/125	1/75
20	1/100	1/50

另外，超高过渡段中的超高渐变率，其取值在 0.4%~2.0%间变化。

三、路肩超高

正确地设计路肩横坡度，对保证行车安全迅速，延长路面的使用寿命，降低公路养护费用具有很大的经济意义。在《公路工程技术标准》中规定，路肩的横坡度要比路面横坡度大 1%~2%。路面横坡度值从高级路面的 1%到低级路面的 4%,据此,路肩横坡度 i_0 应在 2%~6%之间。根据美国有关技术标准,直线段土路肩横坡度在不设路缘石时为 4%~8%;而按照日本技术标准的规定,直线段土路肩横坡度为 3%~5%。综上,按照我国技术标准的规定,参照国外的规定,结合使用经验,直线段的土路肩横坡度可按如下方法确定:当路面横坡度小于 2%时,路肩横坡度比路面横坡度大 2%;当路面横坡度大于 2%时,路肩横坡度比路面横坡度大 1%。因此,直线段土路肩横坡度宜为 3%~5%,最小值 3%。

曲线路段的路肩超高设置较灵活,可以针对曲线路段不同的超高形式采取不同的旋转方法,但总体来讲,应该符合《公路工程技术标准》中对路肩横坡度的规定。

第六节　纵面线形

纵断面设计线形由直线坡段和竖曲线组成。直线坡段的坡度及其长度影响着汽车的行驶速度以及运输的经济和安全,因此,减少纵坡路段的事故率,保证汽车行驶安全、迅速、舒适与经济,是纵断面设计的基本原则之一。纵断面设计首先要研究纵断面的坡度、坡长和竖曲线与安全行车之间的关系,在此基础上研究如何合理地设置爬坡车道和避险车道。

一、纵坡度

纵坡度包括最大纵坡和最小纵坡之间的各种坡度。最大纵坡是公路线形设计控制的一项重要指标,主要受车辆性能的控制,另外还要考虑对交通运行的影响。最小纵坡主要受排水和安全要求方面的控制。

(1)最大纵坡。最大纵坡是公路纵断面设计的重要控制指标,不仅要考虑设计车型的爬坡能力,还要考虑汽车在纵坡上行驶的快速、安全和经济,合理确定。

最大纵坡的拟定首先依据的是公路等级,即不同的公路等级对计算行车速度的要求也不同;其次是依据自然因素,即公路所经地区的地形条件、海拔高度、气温、雨量等自然因素所提供的汽车行驶条件,如阴湿多雨地区、长期冰冻地区,均应避免过大的纵坡。我国的规范规定的最大纵坡如表 3-11 所示。

表 3-11　最大纵坡

计算行车速度(km/h)	120	100	80	60	40	30	20
最大纵坡(%)	3	4	5	6	7	8	9

表 3-11 按照不同的速度规定了最大纵坡的坡度值,设计时所采用的坡度值应满足规范的要求。大的纵坡对载重汽车行驶很不利,上坡会使车速减慢,妨碍高速行驶,使超车增多、安全性降低;长的下坡会使制动器过热、制动失灵,也易发生事故。

山区公路在进行纵断面设计时,受到地形的限制,为了克服高差、缩短展线和节省工程量,有时不可避免地要采用极限纵坡度。极限纵坡的采用必须与其坡长联系在一起考虑,要严格限制坡长,超过限制坡长要安排一段缓坡,用以恢复在前一段陡坡路段上坡时所降低的车速;同时,对下坡路段的安全性考虑,设置一段缓坡也是非常必要的。

(2)最小纵坡。最小纵坡主要受排水和安全方面的影响。在不受地形限制的公路上,横坡足够排水要求,不会产生积水的地方,纵坡小于 0.3%或不设纵坡一般没有问题。在地形受限地区,纵坡应能帮助路面排水。根据经验和参考国内外的相关规定,一般最小坡度为 0.3%~0.5%。在高等级路面和有坚固路基支持的条件下,最小坡度为 0.3%;路边和中间带经常需要比路面横坡更陡的坡度以利于排水,最小可以设为 0.5%。

二、坡长限制

所谓坡长限制是指控制汽车在坡道上的行驶长度,即当车速下降到限定的最低允许速度时所能行驶的距离。该限制长度在理论上是以汽车的加、减速行程来计算的。为使行车快速、安全、经济,设计的纵坡应保证车辆能以某种最低的允许速度正常行驶。为此,可通过限制坡道的长度,以保证行车速度变动在一定范围之内。小客车和货车在纵坡路段行驶表现出不同的运行特性,小客车在4%~5%的坡度上的行驶速度与在直线段的行驶速度相比变化不大。在车辆处于自由流的交通条件下,3%的纵向爬坡路段对小客车的速度影响很小。对于较陡坡度路段,速度随着坡度的增加而逐渐降低。在下坡路段,小客车速度一般比平坦路段略高,但取决于当地路段状况。坡度对于货车速度的影响比较显著。货车在下坡路段的速度增加幅度较为明显,在坡度大于4%的情况下,每下降500m,货车速度增加15km/h。而对于上坡路段,货车速度的折减曲线与坡长的关系如图3-7所示。坡度和坡长共同作用影响公路的安全性和通行能力,应避免货车和小客车存在较大的速度差。

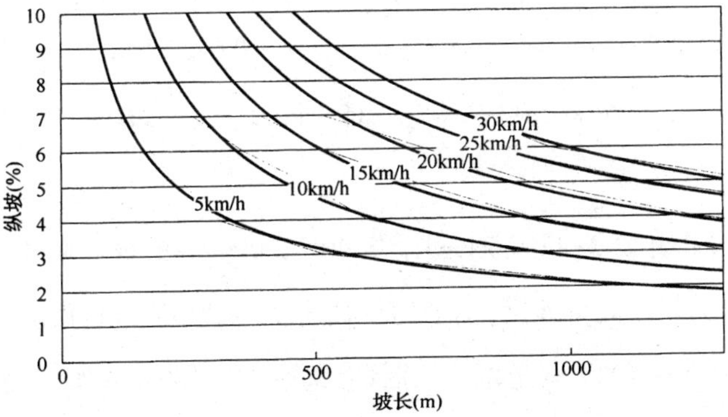

图3-7　速度折减量与坡长的关系曲线图

最大坡长取决于货车的最大爬坡能力,需要考虑以下三个影响因素:

(1)典型车辆的尺寸、功率、载重情况以及爬坡性能。

(2)车辆驶入纵坡的速度。

(3)纵坡段的容许最小速度。

其中,坡底的入口速度用与设计速度有关的平均运行速度来代替。当然,该入口速度可以根据坡底前衔接的路段条件来调整，若为平坡，则可直接用行驶速度，若为下坡可适当提高一些，若为上坡则应降低一些。

纵坡段的容许最小行车速度应不影响后面的车辆。根据国内外的经验，基本选取设计速度的50%~60%，或选取速度下降15~25km/h范围内的一个固定值。一般情况下，在设计速度为40~120km/h的绝大多数公路上，最小允许速度按设计速度的50%~60%考虑，为25~60km/h。该速度范围在交通量较小的情况下，一般不会使跟随车辆的驾驶员因超车困难而感到难以忍受。按此原则，表3-12给出了驾驶员可以接受的速度折减量（平均行驶速度与坡道上最小允许速度之差）。

表3-12　速度折减量确定表

设计速度（km/h）	120	100	80	60	40
货车运行速度（km/h）	75	75	70	55	40
最小允许速度（km/h）	60	60	50	40	25
货车速度折减量（km/h）	15	15	20	15	15

从上述分析和表3-12得知，对于从40~120km/h的设计速度，分别选取其50%~60%作为最小允许速度，则平均行驶速度与最小容许速度之间的差值，即速度折减量在15~20km/h范围内。因此，选取15~20km/h作为确定临界坡长的速度折减量。

当纵坡路段的速度折减量超过20km/h时，可以考虑其他的辅助手段来保证行车的安全性，如在左侧加一条超车道，该车道用于上坡路段小客车的通行；或者在右侧增加一条爬坡车道。对于这两种措施，采用的情况不同。当中央分隔带较宽，可以采用第一种方式设置快车道，这种做法得到一些国家的采纳。当公路用地比较紧张，公路横断面宽度受到限制时，可以采用第二种方式设置爬坡车道，我国多采用设置爬坡车道的做法。有些专家不推荐设置爬坡车道，他们提出货车使用爬坡车道需要变换两次车道，而这一过程容易被忽视，即爬坡车道的终点不应在上坡路段的终点，而应该增加爬坡车道的长度给货车提供加速的过程，从而使爬坡车道终点的货车速度与行车道的平均运行速度差相差不大。

三、竖曲线

纵断面上两个坡度的转折处，为了减缓冲击和保证行车视距，用一段曲线来缓和，称为竖曲线，分为凸形竖曲线和凹形竖曲线。

竖曲线的设计受众多因素的限制，其中有三个限制因素决定着竖曲线的最小半径或最小长度。

(1)缓和冲击。汽车行驶在竖曲线上时，产生径向离心力，这个力在凹形竖曲线上是增重，在凸形竖曲线上是减重。这种增重与减重达到某种程度时，旅客就有不舒适的感觉，同时对汽车的悬挂系统也有不良影响，所以确定竖曲线半径时，对离心加速度要加以限制。

(2)时间行程不过短。汽车从直坡道行驶到竖曲线上，尽管竖曲线半径较大，但如果其长度过短，汽车倏忽而过乘客会感到不舒适，因此应限制汽车在竖曲线上的行程时间不短于 3s 的行程。

(3)满足视距要求。汽车行驶在凸形竖曲线上，如果半径太小，会阻挡驾驶员的视线。为了安全行车，对凸形竖曲线的最小半径和最小长度应加以限制。

当汽车行驶在凹形竖曲线上时，也同样存在视距问题。对地形起伏较大地区的公路，在夜间行车时，若竖曲线半径过小，前灯照射距离近，影响行车速度和安全；在公路上有许多跨线桥、门式交通标志牌等，如果它们正好处在凹形竖曲线的上方，也会影响驾驶员的视线。

总之，无论是凸形竖曲线还是凹形竖曲线，其最小半径都应受上述三种因素控制。哪一种因素为最不利的情况，即为限制因素依据经验，一般最小半径约为极限最小半径的 1.5 倍。在条件许可时，应尽量采用大于一般最小半径的竖曲线为宜。

在竖曲线设计时，要保证纵断面线形视觉连续而且平顺。如果在短距离内反复凹凸时，就会出现线形中断，形成能看见近处和远处、但看不见中间凹处的线形。在这种情况下，驾驶员视觉上不放心，从而降低车速，也不敢超速。这不但会降低公路的通行能力，还会引发追尾撞车事故。

当相邻的纵坡坡度差较小时，应当采用大半径的竖曲线，并且竖曲线的长度不宜过短。

四、爬坡车道

爬坡车道是陡坡路段行车道外侧增设的供载重车行驶的专用车道。爬坡车道的设置是陡坡路段坡长受限制后的补充措施，即在陡坡路段满足坡长限制的规定后，行车速度和通行能力仍不能满足正常要求时，需考虑设置爬坡车道。

在多车道公路上，由于有超车车道，所以只有在交通量和重型车比例达到一定程度后，载重汽车才会对车流运行产生一定影响，在长上坡上，为低速车辆设置爬坡车道，将会缓解这种不利影响。从保证公路通行能力与运营安全的角度出发，凡是上坡路段坡长超过限制坡长时都应设置爬坡车道，消除载重汽车对交通流的影响。

(1)设置爬坡车道的条件。公路、一级公路纵坡长度受限制的路段，应对载重汽车上坡行驶速度的降低值和设计通行能力进行验算，符合下列情况之一者，可在上坡方向行车道右侧设置爬坡车道：

①沿上坡方向载重汽车的行驶速度低于表 3-13 的允许最低速度以下时，可设置爬坡车道。

表 3-13　上坡方向容许的最低车速(km/h)

计算行车速度	120	100	80	60
容许最低速度	60	55	50	40

②上坡路段的设计通行能力小于设计小时交通量时，应设爬坡车道，具体计算见下式：

$$C_r = C_D \times f_{HV} \times f_N \times f_p \tag{3-4}$$

式中：C_r——实际通行能力（辆/小时/车道）；

C_D——与实际行驶速度相对应的设计通行能力；

f_{HV}——交通组成的修正系数，见公式（3-5）；

f_N——车道数对通行能力的修正系数；

f_p——驾驶员总体特性对通行能力的修正系数。

按照式（3-4）计算实际公路、交通条件对最大服务交通量的修正：

$$f_{HV} = \frac{1}{1 + \Sigma p_i(E_i - 1)} \tag{3-5}$$

式中：p_i——车型 i 的交通量占总交通量的百分比；

E_i——车型 i 的车辆折算系数；公路中车型 i 包括中型车、大型车和拖挂车。

$$\text{DDHV} = \text{AADT} \times K \times D \tag{3-6}$$

式中：DDHV——预测的单方向设计小时交通量（辆/h）；

AADT——年平均日交通量（辆/h）；

K——设计小时交通量系数；

D——方向不均匀系数，通常取 0.6。

（2）实例。某山区公路上坡路段平均纵坡度 3.5%，坡长 5km，2020 年的预测交通量为 25226 辆/h，按照预测交通量计算是否需要设置爬坡车道？

计算得到 DDHV = 1892 辆/h；按照上坡路段的车辆折算系数表，计算出 f_{HV}=0.4649，得到 C_r=651 辆/h/车道。对于双向四车道的公路，单方向实际通行能力为 1302 辆/h，显然不能满足 1892 辆/h 的预测高峰小时交通量的要求，因此在上坡路段需要修建爬坡车道。则增加车道后单方向实际通行能力为 1953 辆/h，可以满足 1892 辆/h 的预测高峰小时交通量。

五、避险车道

据事故资料统计,国内多条公路与大型货车相关的交通事故数所占比例高达 60%以上,受伤人数和经济损失在事故总量中也占有相当的比重。对于长下坡路段,事故发生频率明显高于上坡路段。因此,对于山区公路的路线线形来说,当大型车比例超过 30%时,路线方案的选择应当考虑货车交通对运行安全的影响。目前国内对于长下坡路段采用的措施主要有三种。

(1)交通工程措施。设置标志、标线、信息发布系统(可变情报板)等交通工程措施,在连续下坡路段设置“连续下坡”,“连续下坡× km”等标志,在连续下坡和小半径组合的路段前方设置“陡坡急弯”和线形诱导标等标志。

(2)管理措施。包括限制货车的总重、禁止某种类型货车的通行、加强执法等措施。

(3)工程措施。修建避险车道和冷却场等工程措施。实践证明,避险车道在减少长陡下坡路段失控车辆交通事故方面具有重要的作用。

①设置避险车道的必要性和设置位置。对于连续下坡路段,由于车辆连续制动,造成制动器温度升高,制动效能减弱,调挡失控,更易发生交通事故,事故发生频率明显高于上坡路段,而且肇事车辆中 70%以上为大中型货车。

大中型车辆在长下坡时,如果不采取发动机制动、排气制动等辅助制动措施,其行车制动器就必须较长时间地、连续地做强度很大的制动,使得制动器温度常在 400℃以上,有时可高达 600~700℃。另外,虽然制动并不频繁,但少数几次高速制动也会使重载车辆的制动器温度迅速升高。制动器温度上升后,制动器摩擦力矩将显著下降,出现制动器的热衰退。就目前的技术而言,制动器的热衰退是车辆不可避免的现象,只是有程度上的差别。美国车辆制动器性能实验表明:一般情况下,当制动器的温度不超过 200℃时,车辆的制动器制动力不会发生明显衰减;当制动器温度达到 260℃时,车辆的制动器制动力明显下降,只能达到正常温度(65℃以下)的 30%~35%;当制动器温度达到 400℃以后,车辆制动器基本失效。因此,连续下坡路段采用货车安全运行状态的制动器温度阈值作为控制指标。

在我国公路货运汽车交通组成中,一条路上不同载重吨位的货车所占比例有较大的不均匀性,如图 3-9 所示。基于安全性考虑,选取最不利车型——载重 15t(总重 25t)的重型货车作为评价车型。

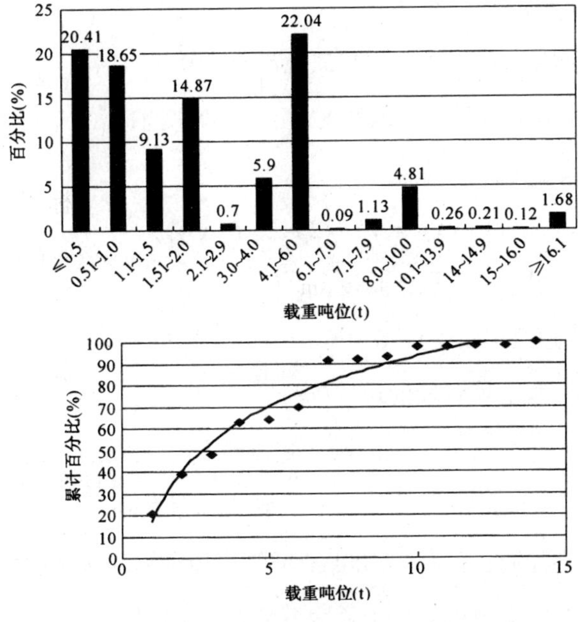

图 3-9　不同载重吨位的货车组成

按照交通部公路科学研究院 2003 年完成的交通部标准规范项目“公路纵坡坡度与坡长限制”课题的研究成果,根据能量守恒原理推算下坡路段坡长、坡度、不同载重量与制动片温度关系模型,并以此作为避险车道设置的依据。

②避险车道的组成部分:

a. 引道。应该有足够的视距来保证驾驶员能够清晰地看到避险车道的全部线形。引道应设计成方形,保证失控车辆的前轮同时驶入避险车道,避免由于左右车轮受力不均匀。

b. 避险车道的长度。避险车道的长度是根据行驶速度、坡度、坡床材料的滚动阻力系数而确定的。应综合考虑汽车滚动阻力和坡度的影响,避险车道的计算如式(3-7)所示。

$$L = \frac{V^2}{254(R \pm G)} \tag{3-7}$$

式中:L——停车距离(m);

V——进入速度(km/h);

G——坡度(%);

R——滚动阻力系数,沙为0.15,豆砾石为0.25。

当紧急避险车道为非单一纵坡时,第一个坡度末端的车速V_f为下一个坡度的起始车速,如式(3-8)所示:

$$V_f^2 = V^2 - 254L_1(R \pm G_1) \tag{3-8}$$

式中:L_1——第一段下坡路段的长度(m);

V——进入速度(km/h);

G_1——第一段下坡路段的坡度(%)。

研究发现,大部分失控车辆的驶入速度都低于140km/h,建议采用的驶入速度为130km/h或140km/h。我国对于驶入速度的取值一般采用设计速度。由于有些山区公路的设计速度为80km/h,当失控车辆的速度超过80km/h驶入避险车道,那么避险车道就会由于长度不足失去防护的效果。

c. 避险车道的坡床材料。避险车道的坡床材料有沙子、天然沙砾、砾石和豆砾石等材料。应该采用干净的、不易固结的、滚动阻力系数较大的材料作为坡床材料,豆砾石是使用较为普遍的坡床材料。理想的坡床材料的粒径应为1.27cm左右,变化范围为0.63~3.81cm,这种粒径的材料具有较高的滚动阻力系数。

坡床材料铺筑深度应为50~110cm,在避险车道的入口前30~60m的路段,材料深度要从7cm过渡到正常深度。

我国避险车道的坡床材料主要有沙、砾石等材料,沙的滚动阻力系数为0.15,而豆砾石的滚动阻力系数为0.25。有些避险车道长度受到了地形限制,坡床材料宜采用豆砾石。

d.避险车道的防撞消能设施。由于地形的原因,有些避险车道的长度和坡度不足,可以在端部设置防撞消能设施。消能设施集料的高度应为0.6~1.5m,坡度为1.5∶1。如果采用消能桶,那么推荐消能桶的填充材料应和坡床材料一致,以免造成坡床材料污染,降低滚动阻力。

防撞消能设施,主要采用消能桶和废旧轮胎,也有避险车道因为地形的限制,采用龙网进行消能。龙网系统是一种高效、安全的机动车拦截制动系统,属特殊、高性能的消能系列产品。龙网技术是由美国军工企业研制而成,用于航空母舰舰载飞机的拦截。这项技术于20世纪70年代早期被引入美国公路安全防护系统。

e.避险车道的其他组成部分。避险车道的宽度应保证一辆以上的车辆驶入避险车道,理想的宽度为8~12m。避险车道线形应为直线,设置在平曲线切线方向,驶出角度宜小于10°。

六、连续下坡设计应注意安全问题

(1)合理选线,控制纵坡坡度。良好的路线设计才是安全的根本。路线设计中出现的安全问题往往无法通过其他手段予以消除。连续长下坡路段的安全隐患很难通过其他交通工程和交通管理的手段完全消除,因此通过灵活的线形设计,改善坡度与坡长的设计方案,才是改善公路安全水平的根本。

山区公路为克服高差而设置连续下坡是难以避免的,但可以通过采用分离式方案,灵活的设计坡度的方法放缓坡度,保障行车安全。

①翻越山岭时,为了保障安全,可以采用分离式路基,其中上坡的一幅采用较大纵坡以克服高差,而下坡的一幅则充分利用地形通过展线以较小的纵坡顺势而下。这样,下坡的路线长度增加,坡度变缓,可以有效降低车辆制动系统的负担(图3-10、图3-11)。

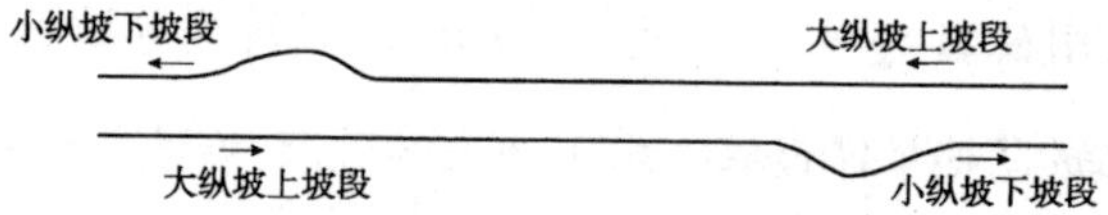

图 3-10　连接凹形路线上下分离式路基平面示意图

图 3-11　上下坡分离式路基示意图

②采用半幅隧道半幅路分离式路基断面形式，上坡半幅尽快克服高差，以隧道穿越山岭；下坡半幅则沿山腰顺势展线，以较缓的坡度越岭（图 3-12）。

图 3-12　半幅桥半幅隧道分离式路基图

③半幅桥半幅路分离式路基断面形式，上坡半幅取高线，采用较高的坡度设计值，下坡的半幅以桥梁沿谷地在坡脚展线（图 3-13）。

图 3-13　半幅桥半幅路分离式路基实例图片

通过灵活运用分离式路基,将上、下坡分离,以较缓的坡度展线下坡,能够消除连续的长大纵坡对安全的不利影响,从根本上改善安全状况。

由于连续下坡安全问题主体是重车,因此公路规划时,应根据公路功能需求分析,设置专门的重车专用路网,对重车专用公路在设计时结合重车运行特征进行纵坡设计,保证重车运行安全。

(2)避免急弯线形。线形不连续性,如急弯路段,增加了制动频率,加剧连续下坡制动失灵事故发生的概率。因此建议在设计阶段,采用运行速度模型对连续下坡路段进行重点检验,保持线形连续性,无论是大车还是小车相邻路段运行速度差宜小于 10km/h。

同时还应该注意平曲线对纵坡安全的影响。如对我国东南某公路的事故统计分析表明,22 处事故多发路段,弯坡路段占 7 处,占事故多发路段总数量的 31.82%。1988 年,Matthews 和 Barnes 沿着新西兰各州公路采集 2000km 曲线的技术参数(曲线半径、坡度)及 5 年事故数据,基于数据统计分析的基础上得出坡度与事故的关系表明,平曲线对下坡安全的影响要大于对上坡的影响,与较小半径比较,大半径有较小的事故率,见图 3-14。

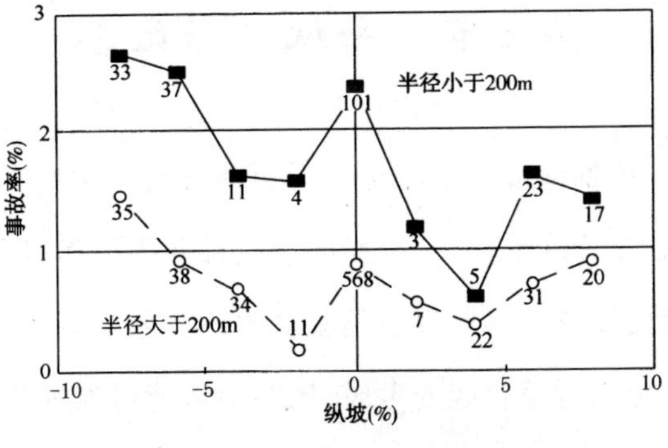

图 3-14　纵坡与事故率关系图

因此,平曲线对纵坡特别是对下坡的影响需要引起重视。在设计中注意避免陡坡与小半径平曲线的平纵组合;避免长下坡加 S 形连续弯与小半径与陡坡结合情况出现。即使在平坡上，S 形弯路也存在安全隐患，可能会出现“反向超高”现象。如果同时存在纵坡，车辆速度控制不当，将会加剧“反向超高”，车辆极易发生侧翻、冲撞护栏等重大事故。

(3)考虑驾驶员驾驶习惯，公路选线时宜右侧傍山。在公路上，大型车辆一般均靠右侧车道行驶，在山区连续下坡路段行驶时，如果车辆因连续制动而导致制动失灵，在没有其他措施的情况下，为避免与其他车辆碰撞或冲出路侧坠崖，驾驶员可能更愿意使车辆直接和右侧山体刮擦相碰以使车辆减速或停车。但是如果山体位于左侧，驾驶员不会选择让车辆与山体刮擦，因为驾驶员位于驾驶室左侧。如果选择与左侧山体刮擦，那将直接威胁到驾驶员自身的安全。

如果长下坡不可避免，应及时在坡顶设置标志信息，告知驾驶员下坡的坡度、坡长及线形情况，使驾驶员能够及时了解即将到来的长下坡，采取适当措施下坡；告知驾驶员较为安全的下坡速度，并加强对下坡车辆特别是重型车辆下坡速度的控制；在坡顶、下坡沿途设置停车区、加水站，使得车辆能够及时冷却制动器，保障下坡期间制动器有充分的制动能力；在长下坡路段适当位置成组设置避险车道，及时宣传其主要作用，提高避险车道的使用效率。

第七节　平纵线形组合

平面线形与纵断面线形的组合设计，是线形设计的关键。公路线形设计经过路线规划、选线、平面线形设计、纵面线形设计和平纵面组合设计几个阶段，最终以平、纵组合的立体线形展现在驾驶员眼前。如果只按平面、纵面线形标准分别设计，而不将两者综合起来考虑，最终不可能得到好的设计。因此在线形设计中，注重平纵面线形的组合设计显得尤为重要。平、纵线形的组合设计不仅要满足汽车运动学和力学要求，还要满足视觉和心理方面的连续、舒适，以及与周围环境的协调。因此，对组合线形的技术要求一方面是力学上的，主要反映在行车安全和舒适条件上；另一方面是视觉和心理上的，主要反映在驾驶员的舒适感和愉快感上，两者不可分割，互为影响。

公路的空间设计决定于平纵面线形和横断面，驾驶员看到的是一个不断变化的图像，它将受到交通标志、结构物、景观、植被等的影响。高质量的空间线形设计目标是和谐、流畅和安静的路容。加上其他设施（如灯光、标志）使驾驶员更清楚公路的状况。必要的设备和设施应有利于对驾驶员的诱导。

公路的一个路段不能作为独立元素来研究和评价。公路前面和后面的相连路段的作用和景观也应进行综合考虑。如公路凸曲线半径就与允许视距和视高有关，见图 3-15。

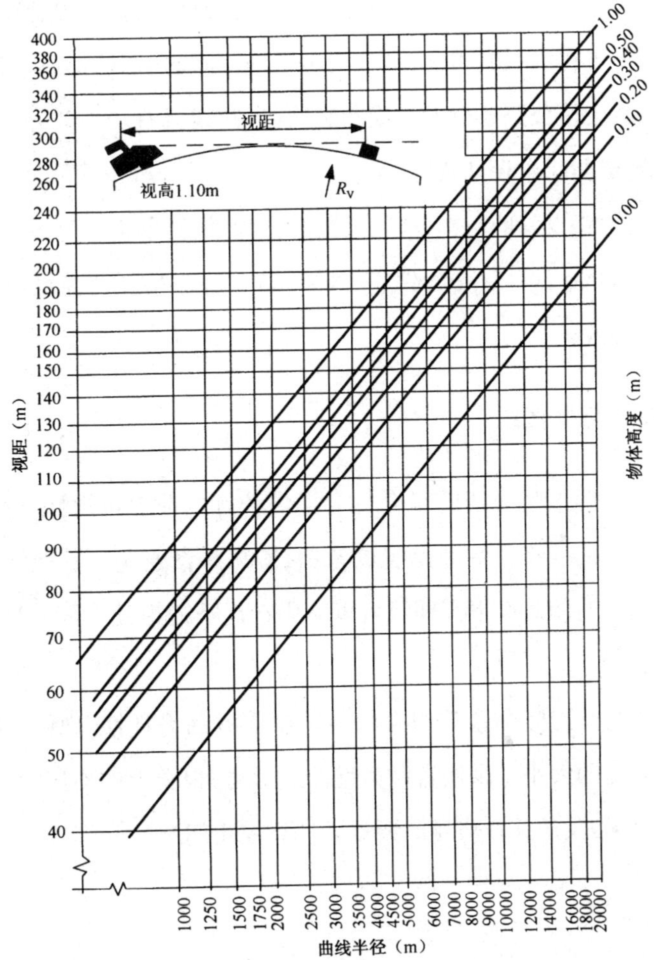

图 3-15　不同视距和物体高度的最小凸曲线半径

一个路段可以分为下面几种基本形式:空间直线,平曲线与纵坡,竖曲线与平直线,混合曲线(平面和纵面均为曲线)。空间直线在平面上与纵面上均为直线,主要缺点是景观单调、驾驶员易疲劳、可视性差等。下面主要介绍平曲线与纵坡、竖曲线与平直线及混合曲线。

一、平曲线与纵坡组合

这种线形是平面有曲线,纵面有纵坡,易形成富于变化的公路景观。大半径曲线提供对公路和交通的良好的视角并且很容易与其他公路元素进行连接。小半径平曲线与纵坡的组合有以下缺点:很难定位交叉;需要设置超高,且很难实施;当必须设置排水设施时,会导致费用增加;曲线内侧的交通工程设施将会引起安全问题;会使公路通行能力受到影响;当曲线只有一小部分能被看到时,驾驶员很难确定曲线半径和长度。

平曲线是公路设计的基本要素,大致可分为三类,即大半径、中等半径和小半径。大半径的曲线可以用来替代直线,中等半径的应用于正常路段,小半径曲线设置在交叉处。

二、竖曲线与平直线

平面直线与凹形竖曲线的组合将会提供较好的前方可视性。在平直线中应用短的凹形竖曲线将会导致路容的弯曲,应该尽量避免。其他情况下,混合曲线是比较受欢迎的。凹形竖曲线可以应用在地下通道处,可以提供比较理想的净空高度。

平面直线与凸形竖曲线的组合将会限制前方的可视性。所需视距决定了凸形竖曲线半径的大小。采用这种类型的线形时,视觉上的不连续不是主要问题,在地貌变化较大的地段应用时要格外注意视距问题。

三、混合曲线

平曲线和竖曲线的组合即为混合曲线。竖曲线可以是凸形竖曲线也可以是凹形竖曲线。

凹形的混合曲线有良好的视距，其他线形基本要素可与其有较好的连接。如果平曲线半径较小，则曲线半径容易被驾驶员高估而引发危险。所以设计时尽量选择较大的平曲线半径。

凸形混合曲线会限制前方的可视性。凸形竖曲线不应该与两个反向平曲线混合。当视距满足时，凹形混合曲线可随便应用。这种类型的曲线一般会被驾驶员低估，所以是偏安全的。图3-16为混合曲线的实例。

图3-16 混合曲线

四、组合设计中应注意的问题

(1)平曲线与竖曲线重合。平纵线形配合的意义，重要的是平纵面线形位置及指标运用得当，为安全、舒适、快速的行车创造条件。平纵线形的组合应符合"相互对应、且平包竖"的设计原则，配合得好的线形是竖曲线的起、讫点最好分别在两个缓和曲线的中间，其中任一点都不要放在缓和曲线以外的直线上，也不要放在圆弧段之内。若平、竖曲线的半径都很大，则平、竖曲线的位置可不受上述限制。

(2)平曲线和竖曲线的大小保持均衡。平曲线与竖曲线其中一方大而平缓时，则要注意另一方也要大而平缓，且不能使另一方变化过多。因为这种线形可能出现一个竖曲线中包括两个以上的平曲线或与之相反的情况，并且线形短的一方看上去特别醒目,并给人以不愉快的感觉,失去了视觉上的均衡性。

(3)避免竖曲线的顶、底部插入小半径的平曲线。如果在凸形竖曲线的顶部有小半径的平曲线,不仅不能引导视线而且要急转方向盘致使行车危险。在凹形竖曲线的底部有小半径的平曲线,便会出现汽车加速和急转弯,同样可能发生危险。

(4)一个平曲线内,必须避免纵断面线形反复凸凹。在一个平曲线内,纵断面线形反复凸凹时,往往形成看得见脚下和前方,而看不见中间凹陷的线形。

(5)避免在驾驶员的视域内出现反复变化的线形。在驾驶员的视域内线形反复变化,无论是平面线形上的方向变化,还是纵面线形上的坡度变化,都会使线形外观不连贯,形成视线盲区和错觉,使驾驶员产生紧张感,影响行车舒适和安全。因此,美国有关专家建议,驾驶员在任何一点所看到的平面线形上的方向变化不应超过两个。

第八节　公路优化设计

一、视觉分析

两辆车在直线上相向行驶时,驾驶员互相看到的对方只是一个缓慢变大的几乎是静态的映像,而当在曲线上相向行驶时,驾驶员就能明显地感受到前方车辆处在运动状态。显然,对于前者,驾驶员是难以判断前方车辆的行驶速度和距离的。

从视觉心理出发,对公路的空间线形、公路与周围环境及自然景观的协调进行的分析研究,使能满足视觉的连续性以及舒适和安全感的综合设计,称为视觉分析。为满足视觉心理上对线形的连续、舒适的要求,通常利用透视图或三维视图来分析线形的视觉反应。

二、环境美学

随着社会和经济的发展，人们对公路的要求越来越自然化、景观化，要求公路线形与地形相适应，与环境相融合，要求线形本身富有变化、连续和谐、指标均衡。这就自然要求公路的建设对自然景观和生态环境的破坏要减小到最低程度，并提供视野的多样性，能为驾驶员和乘客提供动态变化的视野，更好地满足乘客的视觉享受，保证行车的舒适和安全。

三、重视对线形设计的动感认识

目前，我们在评价线形设计优劣时，大部分是利用静态的透视图进行检验，而高速运行的驾驶员和乘客是在高速动态中操作汽车和观察公路的，其在动态中的视觉和心理感受与静态中的体验大不一样。研究表明，高速行驶的汽车驾驶员在长时间尾随一辆同样高速行驶的汽车之后，其目测两车间距与静止或低速行驶时目测间距会有较大出入。所以要建设一条满意和理想的高等级公路，还需结合动态力学等多门学科进行研究，这一点在国内还没有成功的经验值得借鉴。现有的规范标准也未能给出量的概念，以至于在现阶段的线形设计中，还需较大地依赖路线工程师的经验和直觉。但直觉有时会出现偏差，仅仅靠熟记几条规范、几个范例是远远不够的。这就要求路线工程师在不断实践、总结和学习的基础上，努力提高动感方面的认识，在竣工通车的高等级公路上多进行一下亲身体验，多与驾驶员沟通，将实际的感受和当时设计的初衷相比较，将动态和静态的视觉相比较，以便在不同类型类别、不同等级标准、千变万化的线形中不断总结和提炼，为线形设计不断地积累经验。

四、线形组合中考虑行车速度的问题

根据统计，大量公路交通事故是由相邻路段较悬殊的行驶速度差导致的。考虑行车安全的要求，设计中不仅要对局部平纵指标进行平衡，而且要对整体线形的连续性及衔接路段的行车速度级差进行控制。通过改善相邻路段线形指标的组合,降低容许速度差,从而消除安全隐患。平曲线半径较小的公路路段,还要充分考虑运行速度因素。如果相邻路段速度差较大,需对线形进行调整,提高低指标或降低高指标。

第四章　隧道及隧道群路段安全设计

随着我国不断规范土地征用政策、更加注重工程结构与生态环境安全，隧道方案也越来越被认为是公路穿越山岭重丘区的最佳选择，因而在山岭重丘区的公路上隧道分布密集，形成隧道群的现象越来越多。

关于隧道群的概念，国内外尚未有公认的确切的定义，已有的研究只对单体隧道、相邻隧道和毗邻隧道作了定性说明和划分。单体隧道特点是隧道之间相距很远，各隧道之间的通风、照明及灾害救援没有相互影响，独立进行控制。相邻隧道的特点是隧道间相距较近，隧道间通风、照明及灾害救援相互具有一定影响。毗邻隧道的特点是隧道间相距很近，隧道间通风、照明及灾害救援的相互影响严重。所谓公路隧道群，是指某公路路段上间隔一定距离的两条或两条以上隧道的总称，包括连续隧道和毗邻隧道。然而对于隧道群路段隧道间的间距要求尚无公认的研究成果。有学者建议：当两隧道间距小于等于 250m 时，定义为毗邻隧道；当两隧道间距大于 250m 而小于等于 1000m 时，定义为连续隧道。《公路隧道通风照明设计规范》(JTJ 026. 1—1999)提到"连续隧道是指两隧道间正常行驶时间小于 30s 的隧道"。也即，如果隧道设计时速 100km/h，隧道间距在 833. 3m 以内时，就可称为是连续隧道。毗邻隧道和连续隧道统称为隧道群。

隧道作为连续公路上的特殊结构物，其长管形状的半封闭空间以及隧道内外运行环境的变化对行车安全具有特殊影响。而多个隧道密集分布形成隧道群，所导致的行车环境连续变化对行车安全的影响更有其独特性。国内外关于隧道及隧道群路段的安全保障技术研究较少，可供借鉴的经验有限，本章将以科研成果为基础，针对山区公路隧道及隧道群路段的公路交通环境特点，从保障路段交通运营安全的角度出发,通过隧道及隧道群路段事故特征和交通流运行特征的深入调研与分析,运用公路交通安全相关理论、分析技术及仿真实验手段,对隧道及隧道群路段的主体设计、交通工程及沿线设施设计以及运营管理方案进行研究,提出科学性与实用性兼顾的安全设计建议及运营管理技术方案。

第一节　隧道及隧道群路段运营安全状况分析

一、公路隧道事故发生频率

联合国经社理事会隧道安全专家组(Ad hoc Multidisciplinary Group of Experts on Safety in Tunnels)提交的《Recommendations of the Group of the Experts on Safety in Tunnels》最终报告认为:公路隧道普遍存在的潜在危险需要高度重视,但不必恐慌,由于隧道受灾害性天气影响小并有连续的照明条件,隧道事故率远小于普通路段,隧道路段是最安全的路段之一。

然而,由于隧道使用者素质、运营管理、交通组成状况、设施状况不同,我国公路隧道事故率表现出于国外不同的状况,目前我国公路隧道事故率呈现高发态势,隧道路段成为事故的黑点路段。表 4-1 为我国部分公路隧道事故率状况。

表 4-1　我国公路隧道事故率状况

隧道	隧道占全线总长(%)	隧道占全线事故数(%)	隧道事故率/全线事故率
西南某高速隧道	1.05	7.07	6.73
东南某高速隧道	4.64	13.7	2.95
某高速 12 座隧道	4.69	25.98	5.54

续　表

隧道	隧道占全线总长(%)	隧道占全线事故数(%)	隧道事故率/全线事故率
中部某高速隧道	2.78	3.62	1.34
西部某高速隧道	2.22	5.41	2.44
西北某高速隧道	3.1	10.91	3.52
东部某高速隧道	2.68	17.24	6.43
东南某高速4个隧道	2.93	23.4	7.99

从表4-1统计的数据可以看出,隧道路段的事故起数占总事故数的百分比远高于隧道里程占路段总长的百分比,隧道路段事故率为全线路段平均事故率的好几倍,最小为1.34倍,最大接近8倍。我国隧道及隧道群交通事故高发的现状,表明我国隧道及隧道群路段运营安全保障能力较落后,与国外存在较大差距。

二、公路隧道事故严重程度

国外隧道路段的事故发生频率虽然较低,但隧道路段一旦发生事故,往往导致严重的人员伤亡和社会经济损失。

隧道是一个封闭的空间,火灾发生后,隧道内能见度急剧下降,有毒气体快速扩散,温度在很短的时间内就可急剧升高。研究表明,隧道火灾在发生10min以内易于扑灭,这对于大多处于山岭区的公路隧道来说是非常困难的。隧道一旦发生火灾事故,公路使用者逃生的路线及时间与普通路段相比相当有限,若救援不力,其结果往往是灾难性的,不但可能造成人员伤亡,而且会使隧道内车辆、设施受损,往往使得隧道需要关闭相当长的一段时间。由于隧道路段横向空间和竖向空间较普通路段小,恢复正常交通需要的时间也比普通路段要长。而且,由于隧道内能见度较低,驾驶员往往难以像在普通路段一样了解前方事故情况,因此极容易引起二次事故。

我国由于单车故障或多车事故引起的隧道火灾屡见不鲜,且造成很大的经济损失,隧道长时间关闭,对交通影响很大。隧道事故造成的直接和间接经济损失巨大。欧盟认为,减少隧道事故率及事故的严重性,每年可减少直接损失2.1亿欧元。由于避免隧道瘫痪和交通分流,仅意大利一年就可减少损失3.0亿~4.5亿欧元。隧道事故由于损失巨大往往造成不良的社会影响,欧洲几次典型的隧道火灾事故给欧洲带来巨大的恐慌,给政府带来巨大的政治压力,使各国及组织纷纷成立工作组对隧道的安全性进行研究。国外每一次隧道重大事故后,都推动了隧道运营安全研究的进一步深入。

三、公路隧道事故发生时间特征

通过对国内外隧道事故案例的深入分析,隧道内发生事故一般具有以下时间特征:

(1)冬、春季事故率相对较高。冬季山区公路路面结冰现象严重,春季雨水多,路面湿滑导致路面附着系数降低。

(2)雨天隧道事故较多。雨水流入隧道或当车辆进入隧道时车轮把雨水带进隧道,使得隧道路面抗滑性能迅速下降,容易发生事故。

(3)节假日隧道事故多。节假日期间,探亲返乡人数骤增,导致公路主要路段交通量增大,驾驶员归家心情急迫,容易进行违规操作,进而引发交通事故。有关统计显示,中国的传统节日春节期间,事故率明显比平时增多。

(4)凌晨是事故高发期。一般来说,驾驶员在黎明时最累,视线模糊使驾驶员的视力下降,并导致其注意力衰退。与此同时,由于缺乏睡眠,疲劳逐步累积在黎明时,积累疲劳远比普通疲劳对交通安全的影响更大。此外,交通量一般在9:00~10:00急剧增加,在15:00~17:00又急剧减少。此两时段前后,事故率也较高。

四、公路隧道事故发生地点特征

世界道路协会通过对许多国家公路隧道的运营安全调查后发现，隧道路段不同位置的事故率具有明显的差异(图 4-1)。

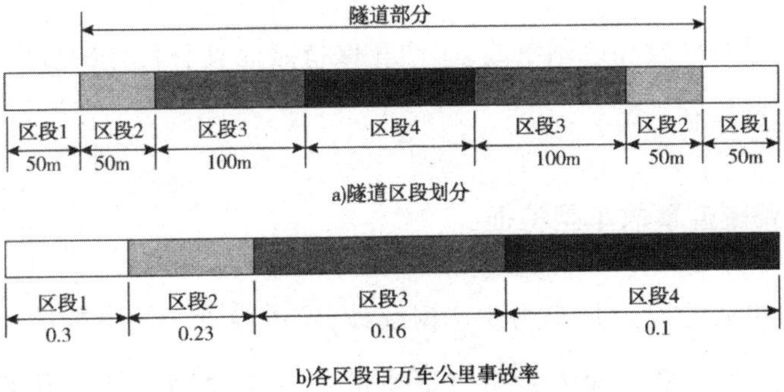

图 4-1　隧道事故发生地点分布特征

挪威 F. H. Amundsen 对隧道事故地点分布进行了统计，研究结论如下：

(1)隧道内发生的事故既非均匀分布，也非随机分布，而是集中在隧道入口处。在入口 200~400m 路段内发生的事故占事故总数的 70%以上。

(2)隧道内 300m 内的区域占隧道内总事故率 50%左右。

(3)区段 2 发生严重事故率较其他区域高。

(4)区段 3 发生严重事故乃至死亡的概率较其他区域为最低。

(5)区段 1、4 造成人员严重伤亡的概率相对于隧道内其他区域高出很多。

此外，车辆事故率与隧道路面纵坡有关，纵坡大于 2.5%的隧道，车辆事故率是平坡隧道的 5 倍。

五、公路隧道事故类型特征

有关文献显示，隧道路段的事故形态以追尾、单车碰撞隧道壁以及侧翻事故为主，如图 4-2 所示。

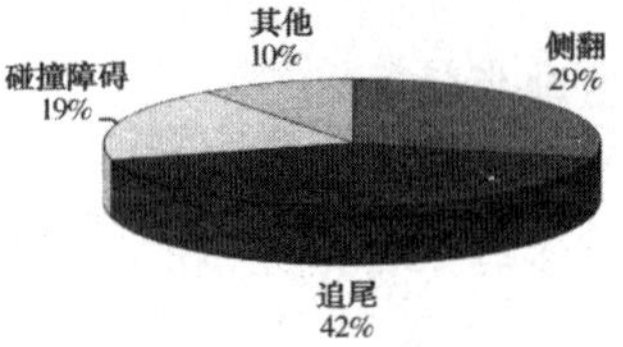

图 4-2　西南某公路隧道事故类型统计

针对单车碰撞隧道壁事故,应做好诱导设施和防护设施等交通安全设施的设计。针对翻车事故和追尾事故,应注意保持路面具有良好的抗滑性能,并采取合理的速度控制措施。

六、公路隧道事故车型特征

隧道内事故尤以大货车为主。据统计,隧道内近 1/3 事故的车型为大货车,而超限超载又是引起大货车交通事故的主要原因。货车发生火灾概率较高。

七、基于故障树方法的公路隧道事故致因分析

基于已有的国内公路隧道群事故数据,提出适宜于公路隧道及隧道群事故致因分析方法,从而为公路隧道及隧道群的安全性风险控制提供更准确的理论依据。根据有关研究资料,以及对事故致因分析的理解,确定了公路隧道/隧道群事故分析的基本方法——故障树分析方法。

(1)故障树分析方法简介

故障树是一种逻辑分析过程,从事故结果到事故原因来描绘事故发生的有向逻辑树,它能对系统的危险性进行分析和评价,对事故定性分析和定量分析。故障树分析具有应用范围广、形象化的特点,充分体现了安全系统工程的系统性、准确性和预测性,并可以用计算机程序实现。

①事件符号。

顶事件:就是所要分析的事件,一般把有可能发生的事故或者已经发生的事故作为顶事件,用字母 T 来表示。

中间事件:是指在系统中造成顶事件发生的事件,用字母 $A(i)$ 表示。

底层事件:是指故障树中最下面一层的事件,主要包括基本事件、省略事件和屋形事件,这三种底层事件统一使用字母 $X(i)$ 表示。

基本事件:它是系统中最为基本的一个事件,表示产生故障的最根本原因,并且已经不能继续往下分析的事件,用圆形符号表示。

省略事件:表示不需要继续往下分析的事件,可以用省略事件来表示驾驶员的失误等事件,用菱形符号表示。

屋形事件:表示正常的事件,系统在正常状态下必定要发生的事件,而认为是不需要修正的故障,用屋形符号表示。

②逻辑门符号。

逻辑门符号用来连接故障树中的两个或多个事件,主要的逻辑关系有"或""与""非"三种。相应的有"或门""与门""非门""条件或门""条件与门""优先与门""限制门""排斥或门"等,所有的这些门都可以最终转化为"与门"和"或门"。本研究中所使用的主要是"与门"和"或门"。

或门:表本所连接的事件 X_1、X_2、$\cdots X_n$ 中只要有一个发生,或门所在的事件就会发生。

与门:表示所连接的事件 X_1、X_2、$\cdots X_n$ 同时发生时,或门所在的事件才会发生。

图 4-3 给出了简要的说明故障树符号及含义。

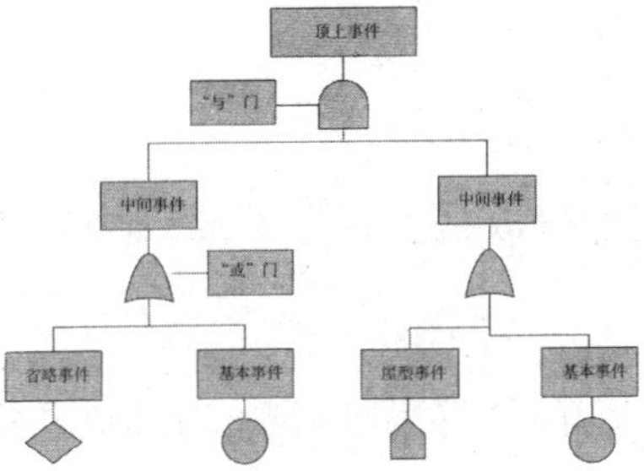

图 4-3　基本故障符号及含义

(2)基于故障树的公路隧道事故致因分析

故障树分析提供了检查“不期望出现事件”发生过程的方法。这些“不期望出现事件”就是故障树模型的顶事件,故障树的路径是描述导致顶事件发生。中间事件以及基本事件都是所有可能的事件或动作,故障树模型的所有路径都是在描述顶事件和基本事件之间的因果关系。从其他领域利用故障树分析安全问题的经验来看,故障树的构建被认为是复杂的、工作量巨大的、需要不断完善的工作。

构建故障树的根本目的是通过建立一个模型来描绘事故发生时的环境或状态。对隧道而言,故障树分析可以将隧道内可能发生的事故进行逐层分析,溯源事故,找到隧道不同事故发生的概率,从而量化隧道内的事故风险。要进行故障树分析,首先要对所要分析的公路隧道系统(人、车、环境)有一个全面的理解,主要包括:

①这种类型的事故是怎样发生的;

②失效事件之间的函数关系;

③从系统安全的角度考虑,深入了解人的因素在事故中的作用;

④从系统安全的角度考虑,深入了解车辆发生故障的机理;

⑤熟悉公路设计的基本概念和设计方法。

如果要对系统进一步分析和理解,还需要:

①辨认潜在的失效事件;

②量化这些失效事件;

③确认上下层事件之间的因果关系;

④通过事故资料判断事故是怎样发生的,为什么发生,发生的频率是多少等。

根据已有的公路隧道/隧道群事故资料,对隧道及隧道群交通事故发生频率、事故类型、严重程度、发生时间特征、发生地点特征、事故类型特征以及事故车型特征等特征量进行统计分析,将公路隧道事故主要分为火灾事故以及非火灾事故。非火灾事故主要有追尾事故、侧翻事故、碰(隧道)壁事故等。值得注意的是,火灾事故的出现并非单纯的车辆起火,也有可能是非火灾事故造成的二次事故引起,它们之间的具体关系,如图 4-4 所示故障树。

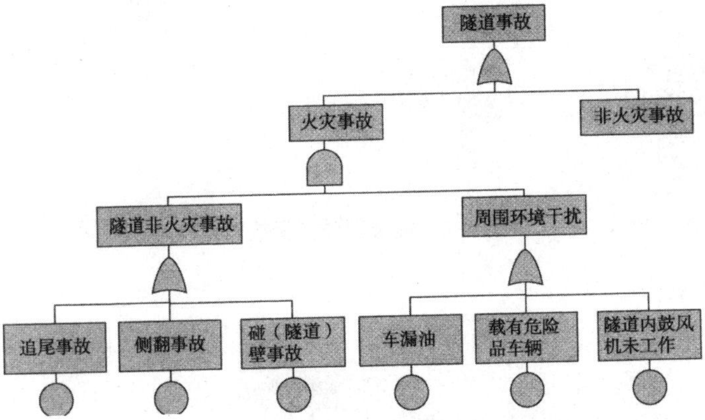

图 4-4　公路隧道事故类型划分故障树

隧道内的非火灾事故由多种因素造成,主要可归结为人、车、环境三个大方面的原因。细究这三个方面,可发现,三者在很多层面都是互相牵连的,如可将公路隧道事故中发生频率最高的追尾事故分析如图 4-5 所示。

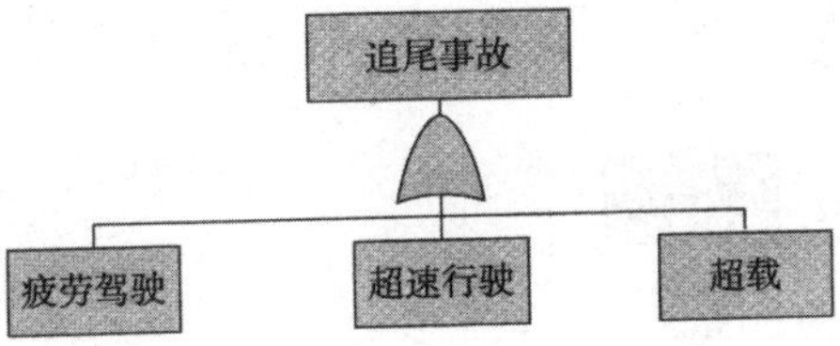

图 4-5　追尾事故分析故障树

根据事故资料以及统计数据,对疲劳驾驶以及超速行驶的具体故障树分析如图 4-6、图 4-7 所示。

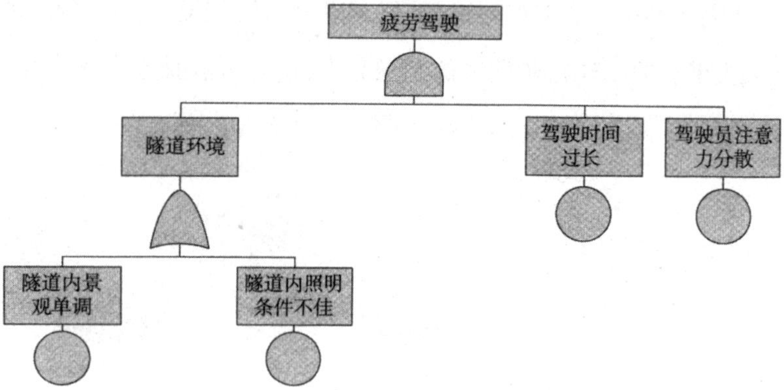

图 4-6　疲劳驾驶分析故障树

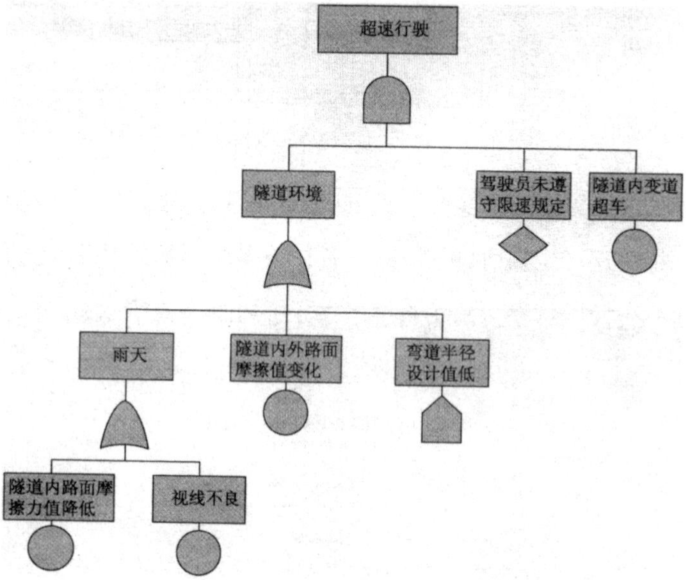

图 4-7　超速行驶分析故障树

第二节　隧道及隧道群路段运营安全影响因素

一、隧道及隧道群运营环境特殊性

作为公路沿线连续开放行车空间的突变段，公路隧道的行车环境具有以下特殊性：

(1)从明亮环境进入到隧道内(暗适应)或由隧道进入明亮环境(明适应)带来的黑洞效应、黑框效应或白洞效应、白框效应，容易引起驾驶员短时的视觉信息中断，给驾驶员造成心理压力。

(2)隧道内外温度甚至隧道两端气象条件也存在差异，隧道内往往还会出现漏水现象。

(3)由于汽车行驶排放的有害气体、异味及由车辆携带的尘土、卷起的尘埃，在隧道内不能很快扩散，导致废气大量堆积，CO、CO_2 含量严重超标。CO 容易导致驾驶员意识不清、反应迟缓。大量沉积尾气造成洞内能见度降低，易发生交通事故。

(4)隧道内的车辆行驶噪声大、振动大，隧道内的风机也带来噪声，过长时间在隧道内行驶往往会给驾驶员造成一定的单调和压抑感。

(5)隧道往往是公路上的“速度瓶颈”，尤其是在洞口段，其通行能力和服务水平比洞外低。

(6)隧道空间有限，结构封闭，视线差，一旦发生交通事故或火灾，逃生及救援比较困难，并易引起二次事故。

因此，作为山区公路的重要交通设施，公路隧道在将山区内外、山岭两端的交通快速高效连通的同时，由于其行车环境的特殊性，又成为公路的交通瓶颈，从而给其自身的运营安全带来巨大的挑战。

针对隧道及隧道群路段的运营环境特征，本节从人、车、路、环境、管埋五个方面分析隧道及隧道群路段运营安全影响因素。

二、公路使用者

调查数据表明，由于公路使用者的错误行为而导致的事故在隧道事故中占90%以上，公路使用者行为被认为是影响隧道安全水平第一位的因素，驾驶习惯、驾驶员的反应能力、自救能力及对隧道的熟悉程度均对隧道的运营安全产生巨大的影响。

由于隧道段行车的单调性及隧道的黑洞效应、白洞效应及边墙效应，加上隧道结构的封闭性，隧道行车环境使驾驶员产生一种“阻断感”，驾驶员心理容易产生紧张和恐惧的感觉，对前方信息判断不准确，容易形成事故隐患。在进入隧道后，驾驶员急于离开隧道环境，导致违章超速，甚至违章超车，进而诱发事故。

为确保隧道的安全运营，必须设法预防隧道使用者的错误发生。在隧道内行车不但要严格遵守一般的行车规则，还需要遵守另外一些特殊的规则。目前PIARC 及联合国经社理事会隧道安全专家组等机构均提出了在各种情况（正常、拥塞、事故、火灾）应遵循的最佳行为，如表 4-2 所列。

表 4-2　隧道使用者的最佳行为

状态	最佳行为
正常行驶	打开前灯，摘下太阳镜；收听隧道广播；禁止在隧道内超车；遵守隧道限制；保持隧道内车辆间距，仅在最紧急情况下停车；遵守交通灯，注意交通信号变化；不得自行将车辆进行 U 形转弯；遵从隧道工作人员指挥
拥塞	打开警告灯；在缓慢行驶和停止的情况下也必须保持车距；交通完全停止时关闭发动机；收听广播，注意交通信号；不得自行将车辆进行 U 形转弯；遵从隧道工作人员及可变信息板指挥

续　表

状态	最佳行为
自身车辆故障或交通事故	尽量把车移到紧急停车道、路侧停车带、路肩或公路最右侧；打开警告灯，关闭发动机；若需要和可能，给受伤人员以帮助；利用隧道报警设备报警，遵从隧道工作人员指挥
自己车辆失火	尽量驶出隧道；如不可能，则至少把车辆移动到硬路肩或公路最右侧；关闭发动机，不要拔出钥匙，不要锁车；利用报警设备报警，利用灭火器灭火；若无法扑灭，要迅速逃离到紧急出口；遵从隧道工作人员指挥
他人车辆失火	打开警告灯；不要干扰失火车辆驶出隧道；不得自行将车辆进行U形转弯；尽量把车辆移动到最右侧；关闭发动机，不要拔出钥匙，不要锁车；利用灭火器帮助灭火，若无法扑灭，要迅速逃离到紧急出口；遵从隧道工作人员指挥

然而调查表明，目前隧道设计及管理人员几乎很少能够干预驾驶员在隧道内的驾驶行为，公路使用者普遍对隧道段行车的危险性估计不足，对隧道的设施也不熟悉。要诱导人们采取正确的行为比处理技术故障难得多，因此必须通过教育、驾驶培训、信息提供、管理及执法等途径对驾驶员及公路使用者的行为进行诱导。在隧道运营过程中，特别注意对隧道使用者提供相关信息，采取交通控制措施，对驾驶员及隧道内人员进行诱导，保证隧道使用者遵循上述行为。

三、车辆(包括货物)

由于技术进步，在过去的10～15年间汽车安全性和可靠性得到了提高，这给驾驶员一个安全感的错觉，从而忽略对现有交通法规的遵守(如装载质量、限速、安全车距等)、定期进行检修以保证制动系统、电气系统、发动机及油箱等的完好无损，周期性检查车辆自备灭火器及灭火系统的有效性。

发动机状况是影响隧道安全水平的重要因素之一。发动机动力不足或状况差,对于大多处于山岭的隧道来说,车辆易在隧道路段出现故障;其次,发动机动力不足或状况差,将影响车流的平稳,引起行车干扰,进而影响隧道的交通安全。

现代汽车油箱的设置位置均考虑汽车在前部和后部碰撞下的安全性,在日常保养中需要随时注意油箱泄漏情况,油箱泄漏易引发火灾或造成更大的火灾事故。发热的涡轮增压器常常引起车辆火灾的观点目前并没有得到研究的证实,但可以确定的是,技术故障特别是油料泄漏至热的发动机部件或排气管易引起车辆火灾。

根据世界道路协会的调查,发热的重型货车的制动片常常引起火灾,因此必须经常检查。未调整好的制动片更容易过热。虽然电气元件都有保险装置,若发生短路,回路将自动切断,但目前由于电气故障引起的隧道车辆火灾也时有报道。随着环保的要求,对汽车噪声控制要求越来越严格,有些汽车采取了发动机封装等措施,虽然采用了阻燃绝缘的材料,但长时间与温度很高的发动机和排气管接触,仍然可能引起车辆火灾。

危险物品对隧道运营安全威胁很大,目前化工产品数量及种类的急剧增长,使得区分某种物品是否属于限制的范围非常困难,从而增加了向驾驶员与制造商提供问询服务时的困难,也增加了执法的难度。世界道路协会及经济合作与发展组织委托挪威船级社(DNV)对22个国家的危险物品通过隧道的管理进行了调查,并重点对奥地利、法国、德国、荷兰、日本、挪威、瑞士、英国、美国加州等国家和地区的隧道危险货物运输管理进行了研究,提交的报告表明,总体上说目前公路隧道危险物品运输管理规定在国际上没有统一的规则,大多数国家没有公路隧道危险物品运输管理规定,危险物品运输管理是根据具体的隧道而定;即使在同一个国家内部各座隧道对危险物品运输的规定也是不同的,也没有统一的通行规则的确定方法。

通常对隧道危险物品运输的限制有:控制进入、车辆间距、限速、时间限制、要求护卫、通报货物品名、货物的数量与类型、车辆技术要求、隧道设施要求等。

加强绕行路线指示、提前的信息板或标志的提示、广泛的宣传或通过收费站通知,使车辆及货物按通行规定进出隧道。

四、隧道设施状况

隧道作为连续公路上的特殊结构物,其长管形状的半封闭空间以及隧道内外运行环境的变化对行车安全具有特殊影响,而多个隧道密集分布形成隧道群,所导致的行车环境连续变化对行车安全的影响更有其独特性。

包括隧道设计、通风照明设施、消防设施、通信设施及交通监控设施等隧道设施是影响隧道安全的重要因素。从隧道设施本身,分析运营安全影响因素,主要包括隧道及隧道群路段的线形、抗滑性能、亮度过渡等。下面具体分析各影响因素对隧道运营安全的影响机制,为研究隧道群路段的运营安全保障技术措施提供前提和基础。

(1)隧道路段线形对行车安全的影响分析

由于隧道进出口处行车环境的突变,车辆的运行速度变化十分明显。从行车动力学的角度可知,车辆安全行驶的首要条件是车辆能够行驶在理想的轨道上而不发生大的偏离,驾驶员的任务是确保车辆沿着正确的轨迹行驶。若公路线形频繁变化,势必将增加驾驶员的驾驶任务和心理紧张程度,驾驶员心理的变化将反映在驾驶员的行为表现上,比如紧急制动、减速或操作失误等,从而引发交通事故。公路隧道设计规范对隧道进出口线形指标的一致性有明确规定。

交通安全心理学研究指出,驾驶员在公路上安全行驶的基本任务有三项:

①获取信息;

②制定决策;

③控制车辆。

驾驶员受到自身一系列生理、心理因素的制约和外部环境的影响,如果在信息的搜集、处理、判断的任一环节上发生错误,都会危及交通的畅通和安全。而线形的协调性是影响驾驶操作复杂性的重要因素,线形的任何节点不协调都有可能引起驾驶员在信息的搜集、处理、判断等环节上发生错误。

缓和曲线段设置在洞口,是许多路线设计人员最容易忽视的。由于缓和曲线段线形的曲率是不断变化的,驾驶员在车辆的快速行驶过程中必须通过不断调整方向盘,来保持车辆的正常行驶。另一方面,车辆在行驶过程中产生的离心力急剧变化,危险性也在增加,同时洞口光线的变化,也影响驾驶员的反应速度,因此洞口段的缓和曲线应尽量避免,以保证洞口的行车安全。

隧道群路段行车环境亮度的连续变化不可避免地对驾驶员带来生理的不适和心理的压力。为了提高行车安全性,应尽量避免线形设计的突变,使线形设计连续顺畅,以减轻驾驶员的操作负担。

(2)隧道路面抗滑性能对行车安全的影响分析

提高隧道路面的摩擦系数,缩短车辆的制动距离,预防车辆打滑,对于保障行车安全特别重要。研究指出,由于隧道路面特殊的工作环境,隧道内的交通事故30%以上是由于路面的抗滑性能不良引起的。隧道进出口区域车辆经常加减速是导致路面摩擦系数迅速降低的主要原因。另外由于隧道处在相对封闭的环境中,空气的湿度较大,地下水丰富,有害气体浓度较高,通风条件差,大量的尘埃不能及时排出洞外,而是沉积在路面上,车辆排出的废气以及遗洒在地面的汽油、机油等得不到及时清理,大量附着在路面上;由于油渍具有很强的润滑作用,将使轮胎与路面间的摩擦系数急剧下降。特别是在降雨初期,隧道入口段的油渍被车轮带入的雨水湿润,或漂浮在路面上,大大降低了路面的摩擦系数,从而使车辆失去操纵性、制动性和驱动性。并且雨天驾驶员一般都比较心急,常以较高的车速驶近隧道,但在隧道入口处,由于运营环境的突变,如墙效应、视觉暗适应等,容易采取紧急制动措施。车辆在制动过程中,由于滑移率的增加,横向摩擦系数迅速降低,若车辆受到一点横向干扰或加速度方向与车辆行驶方向产生偏角(如更换车道或超车),此时很容易发生侧滑事故。由于水泥混凝土路面对轮胎的磨耗作用较沥青路面要强,隧道进出口车辆经常性的加减速而从轮胎上磨耗下来的橡胶颗粒能显著地降低路面摩擦系数,当路面潮湿时尤为严重。因此隧道进出口处附着系数不够是事故率高的重要因素之一。

调研显示,晴天时进出口处隧道外的摩擦系数一般较隧道内高,而在降雨或结冰条件下,由于隧道内受天气条件影响较小,摩擦系数又比隧道外要高。根据汽车行驶原理,汽车在附着系数跳跃的路上直线行驶时,汽车紧急制动过程中从高附着系数路段突然进入低附着系数路段时会发生车轮抱死拖滑现象,反之从低附着系数路段突然进入高附着系数路段时会发生制动器制动力不够,制动距离明显增长的现象。

(3)隧道路段亮度过渡对行车安全的影响分析

人眼对于外部光线的突然变化有一个适应的过程,当光线由明变暗时人眼的适应过程称为“暗适应”,反之称为“亮适应”。白天,当汽车驶近一个照明亮度相对外部环境低得多的隧道口时,由于人眼来不及适应光线的突然变化,在洞口处有如黑洞穴一样的感觉,称为“黑洞效应”。产生“黑洞效应”时,驾驶员无法看清前方的障碍物甚至短时间内会失去方向感。而在出口处由于洞外亮度很高,出口处像是一个白色的大洞,称之为“白洞效应”。这对驾驶员形成强烈的眩光,对前方的车辆只能看到一个很暗的黑影,而对车辆背后黑影内的障碍物则无法看清。严重的眩光能造成视觉可见度下降,即直接影响视觉功能。而在夜间,因隧道内有照明,其内部明亮程度比隧道外高得多,在隧道入口和出口会产生与上述现象相反的效用。无论是“黑洞效应”还是“白洞效应”,都会严重影响驾驶员视觉环境和心理条件,因而严重影响隧道出入口的行车安全性。

隧道群路段多个隧道连续紧密分布,行车环境的亮度连续变化,驾驶员需要不断地进行明暗适应,对驾驶员的生理和心理均造成更加严重的影响。如果隧道群路段的亮度过渡设计不合理,潜在的行车风险比单体隧道更大。隧道群路段的亮度过渡设计不仅要满足驾驶员明暗适应的生理需求,更要考虑连续的亮度变化造成的心理压力。

五、恶劣气象条件

山区公路隧道及隧道群路段一般雨雾天气较多，冬季有冰雪，气候条件比较恶劣，对行车安全极为不利。

(1)雨雾天气对行车安全的影响

大雨或雾天条件，不仅会使路面摩擦系数降低，影响车辆的附着性能，最重要的是降低能见度，容易发生追尾事故。雨、雾天驾驶员在公路上行驶时，不易发现路面的散落物。对于这些散落物，驾驶员在视距较好时远远就可以注意到而避开行驶，但在能见度较差时，这些散落物不易被发现而成为行车途中的障碍。尤其是夜间出行，驾驶员努力注视前方可获得的视距也不足百米，颜色与环境相似的散落物更容易发现太迟或根本发现不了。根据对驾驶员的调查可知，有70%左右的驾驶员在进入雾区时心理过度紧张，85%左右的驾驶员在雾天开车感到疲劳，87.5%的驾驶员驾驶姿势会发生变化。

(2)冰雪天气对行车安全的影响

公路上由先前附着在路面上的水最易冻结成冰，并逐渐覆盖路面的表面纹理，最终形成光滑表面。积有冰雪的隧道进出口连接道上，其摩擦系数比隧道内路面低得多，各种路面条件下的路面摩擦系数见表4-3。

表4-3　不同路面条件下的抗滑性能

路面条件	路面摩擦系数	路面条件	路面摩擦系数
干燥路面	0.8~1.0	松散的雪、烂泥	0.2~0.5
沥青路面	0.6~0.7	黑冰	0.15~0.30
潮湿路面	0.6~0.8	黑冰加雪	0.15~0.25
压实的雪	0.2~0.3	潮湿黑冰	0.05~0.10

在积有冰雪的公路上，常常发生由于汽车丧失操纵能力而导致翻车、撞车

等恶性事故，这种失控现象多半是因汽车出现侧滑引起的。汽车在高速行驶中突然制动，极易产生侧滑，尤其后轴侧滑将引起汽车剧烈的回转运动，严重时可使汽车掉头，十分危险。

(3)横风对行车安全的影响

汽车在行驶过程中，受到多种力的综合作用，包括地面对轮胎的作用力以及周围空气作用于汽车的气动力。随着汽车速度的提高，气动力成为起主导作用的力。当高速汽车转向时，因为侧向加速度的作用，汽车受到较大的侧向力，此时，若汽车受到侧风袭扰，操纵稳定性不好的汽车往往会因为失稳而造成危险甚至导致车祸。

车辆在侧风作用下行驶时，汽车方向盘转角变化很大。驾驶员要想保持汽车的直线行驶状态，必须及时调整方向盘，修正汽车的行驶状态。在进入隧道前，若汽车受到非稳态侧风作用，车辆容易跑偏和侧滑而撞上隧道壁或相邻车道的车辆。如果汽车受到不断变化的侧向风的作用，驾驶员就容易疲劳，造成危险。当有侧向风作用时，汽车横摆角速度响应时间明显变长，波动频率显著增大。由于响应时间的严重滞后，往往会让驾驶员判断失误或者来不及反应而造成危险。

六、运营监控管理

在维护好隧道结构设施及机电设施，确保隧道设施在正常及事故状态下有效运行的前提下，隧道的运营监控管理特别是实时的运营风险评估与控制是影响隧道运营安全的重要因素。隧道运营管理部门应实时监视隧道的环境与状况，保证隧道使用者在正常状态下及事故状态下的安全。

隧道监控中心需要进行隧道的交通监视与控制、设施监视与控制、事件的监视与控制，所有的信息收集、处理和向公路使用者发布都由监控中心进行。

在正常状态下，隧道监控中心监视与控制隧道内和接近隧道的交通流状态，发布预警信息；控制隧道交通流以安全的方式运行，控制设施运行。

在事故状态下，隧道监控中心接收报警，确认事故；根据事故类型做出相应的响应；根据交通控制方案，自动或人工发布交通诱导和公路使用者信息，包括制定通过广播和可变信息板等向公路使用者发布的指令，诱导公路使用者，引导隧道内和接近隧道的车流；自动或人工启动隧道安全设施（如照明和通风设施等）；通知警察和其他机构如消防队、清障队、医院、养护机构等。

隧道的运营监控管理还需要制定各部门联动的应急预案。

应急预案制定了各种场景下，各有关机构（隧道管理部门、警察、紧急救援机构）的最有效的应急处置措施。每个隧道都需要根据具体隧道的特殊环境及特点制定特有的应急预案，成功的应急预案需要相关人员的定期训练及随后的改进。应急预案一般应包括：

（1）事故报告及报警程序；

（2）特别的行动计划（隧道管理部门、警察、紧急救援机构）及各部门的责任；

（3）参与救援部门的统一的指挥和行动管理等。

第三节　运营安全的隧道及隧道群路段关键参数设计

一、隧道主线与洞口接线段

隧道内圆曲线半径一般情况下应大于不设超高的圆曲线最小半径，条件受限时应控制隧道内超高不超过 3%，并避免因视距不足而对隧道平曲线设计进行加宽。

对于纵坡较大、圆曲线半径较小或设有缓和曲线的隧道，应对行车安全性、通风设备和营运费用、施工效率的影响作充分的技术经济综合论证，并通过适当的设置安全设施与监控系统设计提高其安全性。

隧道内是一个特殊的驾驶环境，这里空间有限，驾驶员视距受限，空气污染严重,环境照度低,噪声大,完全不同于隧道外的驾驶环境。隧道洞口恰恰是这两种差别巨大的驾驶环境的突变处,如果处理不好,往往是事故多发的路段。隧道洞口接线段要求具有良好的速度协调性和线形一致性。隧道两端连接线的建筑限界宽度应设置过渡段与隧道洞口衔接,并通过隧道进出口护栏的合理过渡设计来保持隧道洞口内外横断面顺适过渡。

(1)速度协调性

速度协调性是对隧道洞口外的运行速度与隧道内的运行速度的差值(即速度差)进行评价。运行速度是指当交通处于自由流状态下,且天气良好时,在路段特征点上测定的第85个百分位上的车速。隧道路段的运行速度由于目前尚没有成熟的预测模型,一般取设计速度;隧道洞口接线段的运行速度则是假设隧道不存在而线形条件不变情况下,采用运行速度预测方法预测出的运行速度。

隧道设计速度与洞口接线段的运行速度差小于10km/h时,运行速度协调性好,不需要进行调整。

隧道设计速度与洞口接线段的运行速度差为10~20km/h时,速度协调性较好。条件允许时,可适当调整洞口接线段平面、纵断面、横断面等技术指标,使速度差小于10km/h。

隧道设计速度与洞口接线段的运行速度差大于20km/h时,速度协调性不良,需要调整洞口接线段设计。

(2)线形一致性

线形一致性是按照无隧道状态下的预测运行速度,对隧道各洞口接线内外的平、纵面线形进行评价,要求洞口接线内外至少各3s运行速度行程长度范围的线形应保持一致。洞口接线横断面过渡应设置在洞口接线外,其过渡段长度应不小于3s运行速度行程。

二、隧道路面及排水设施

我国目前已建成的绝大部分二、三、四级公路隧道及大部分一级公路、公路隧道多采用水泥混凝土路面。近年来少数公路隧道采用了铺设沥青上面层的复合路面。与沥青混凝土路面相比,水泥混凝土路面的抗滑能力衰减速度快。

根据我国各地的工程实践,由于普通公路隧道车辆运行速度较低,从总体上看,采用水泥混凝土路面效果良好,不仅施工方便,造价低,耐久性好,而且浅色路面有利于照明。

但对于公路隧道,一些地区的调查研究表明,公路隧道事故率远大于洞外路段。事故多发生在入口200~400m路段,且雨天事故高发。分析其主要原因是洞内水泥混凝土路面摩擦系数过低,在隧道入口处两种路面工况(洞外为沥青路面,洞内为水泥路面)附着系数存在巨大差异。车辆在从公路进入隧道的时候,由于路面附着系数瞬间发生变化,对行车适应性带来巨大影响,从而造成车辆侧滑发生事故。因此,对隧道入口段,在满足照明要求的前提下,建议在隧道洞口接线3s行程范围提高路面抗滑标准或采用与隧道洞口接线以外3s行车范围相同的路面类型。

隧道内较多事故形态表现为车轮陷在排水沟中,导致事故影响程度加大。主要原因是隧道内横断面上没有土路肩位置,在排水沟和行车道之间未设置护栏,而且在昏暗的光线下,驾驶员很难把行车道和边沟分开。由于隧道内路面汇水量较小,可以通过集水井汇集,因此建议排水沟尽量采用暗沟,通过集水井汇集行车道路面积水。排水沟盖板设计应考虑行车荷载,防止车辆压断造成车轮沉陷而导致事故。

三、隧道群路段紧急停车带、临时停车区设计

(1)隧道群路段紧急停车带设计

①隧道群路段长大隧道内紧急停车带设计。《公路工程技术标准》(JTG B01—2003)规定:长隧道内右侧侧向宽度小于2.5m时,应设置紧急停车带。紧急停车带宽度应为3.5m,长度不应小于30m,间距不宜大于750m。《公路隧道设计规范》(JTG D70—2004)规定:长隧道和特长隧道应在行车方向的右侧设

置紧急停车带。对向行车隧道,其紧急停车带应双侧交错设置。紧急停车带的宽度,包含右侧向宽度应取 3.5m,长度应取 40m,其中有效长度不得小于 30m。《公路隧道设计规范》(JTJ 026—90)规定公路、一级公路的特长和长隧道,应根据需要设置紧急停车带。两者相比,技术标准更加显示出在长大隧道中设置紧急停车带的重要性。紧急停车带的设置已不再局限于公路和一级公路中的长大隧道,其他低等级(二级或以下)的长大隧道也需要设置紧急停车带。

长隧道内设置紧急停车带是考虑到车辆在隧道内发生事故时,有一个应急的抢险和疏导车流的余地,便于较快地消除阻塞,减少损失。具体地讲,紧急停车带是为故障车辆离开行车道进行避让,以免发生交通事故,引起混乱,影响通行能力的专供紧急停车使用的停车位置。在高等级公路中不但车速快,车流量也大,一旦发生阻塞,引起交通事故,后果不堪设想。因此,在高等级公路中长大隧道设置紧急停车带是非常必要的。

a. 布置方式。对于常见的公路中单向行车隧道,右侧为行车道,因此紧急停车带必须布置在行车道的右侧。但对于对向交通的长大隧道而言,紧急停车带的布设应慎重考虑。在对向行车的隧道中,如果有车辆抛锚,而此时如果其附近没有可用的紧急停靠带,则必然单边车道被占据,两个方向的车流将抢用剩余的单边车道,既容易引起交通堵塞,也容易引起迎面碰撞的交通事故,从而造成小事故引发大事故的情况。因此,对向行车隧道一般应交错设置紧急停车带,交错设置的间距可根据隧道长度进行适当调整。对向行车隧道中 1 号与 2 号紧急停车带间距一般不宜大于 375m,既能满足紧急停车的需要,同时也起到了防灾救灾的作用,如图 4-8 所示。

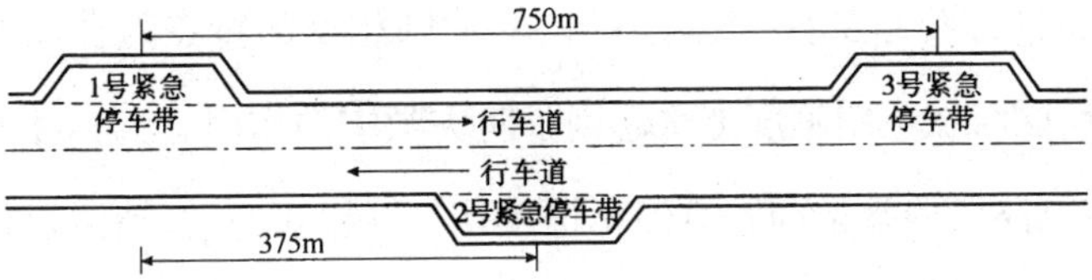

图 4-8　交错布设示意图

b. 长度和宽度。紧急停车带的有效长度应满足停放车辆进入所需要的长度。根据公路等级的不同,交通量的大小,确定可能停靠的车辆数,从而决定这一长度。一般应考虑需满足一辆挂车进入,同时又应有一辆检修车辆停放,则这一长度至少应在 30m。如果考虑车辆进出时的转向因素,两端至少应各延长 5m 左右,长度至少为 40m。紧急停车带的宽度应考虑故障车辆在停放后检修的情况下不影响旁边行车道上车辆的正常行使,根据有关资料表明:在公路上抛锚需要检修的车辆以载重货车为主,即使临时停放一辆普通的国产载货汽车,其宽度也应该在 2. 5m 左右,为了使停车后右侧车门能开至一定程度,故这一宽度至少不少于 2. 5m,一般可设为 3m。

c. 紧急停车带的间隔距离。紧急停车带的间隔距离是一个很难确定的数字,传统认为这一距离主要根据故障车的可能滑行距离与人力可能推动的距离来确定。但一般很难确定距离的长短,因为距离的长短与车型、路线坡度等因素有关系。同时紧急停车带数量的增加对工程造价、运营通风有一定的影响。据有关文献表明,每增加一个紧急停车带加宽段需风量比普通段增加 30% 左右;工程量比普通段增加 40% 左右。但在长大隧道设计过程中,必须根据隧道和交通流的具体情况,综合考虑隧道交通安全性和工程造价这两个主要因素,本着以人为本、安全至上的原则做出设计,使其既满足交通安全性的需要,又不过多增加工程造价。例如:在四川某库区公路隧道(长约 1570m,对向行车,纵坡采用 2% 的下坡)的设计中,共考虑交错设置了 3 处紧急停车带,将隧道分成 4 段,相当于在隧道中每隔 392m 将有 1 处紧急停车带。其中在行车为下坡方向路线中间设置紧急停车带 1 处,上坡方向设置两处(考虑了在车辆抛锚后,下坡方向滑行距离长,人力推动也比较省力,上坡则相反的特点综合设置),这样既节约了造价,同时在一定程度上也起到了防灾救灾的作用。

②隧道群路段内隧道间紧急停车带设计。根据我国《公路隧道设计规范》,按一定间距设置的紧急停车带。当两个隧道洞口相距较远时,建议在两个洞口之间设置紧急停车带。

a. 紧急停车带与隧道出口安全距离。在白天,隧道内照明亮度低于隧道外自然光的亮度,在驶出隧道的过程中,驾驶员将受到白洞效应的影响。在夜间则与白天相反,由于隧道内设有照明的缘故,隧道内的照明亮度高于隧道外的环境亮度,在驶出隧道的过程中,驾驶员将受到黑洞效应的影响。因此,如果紧急停靠带的设置位置距离隧道出口过近,由于驾驶员受到隧道出口白洞(白天)或黑洞(夜间)的影响,车辆很容易与驶出紧急停靠带的车辆发生追尾碰撞。

以下根据一项科研成果,用于指导紧急停车带与隧道出口安全距离的设计。根据相关研究,由白洞引起的明适应时间约为 1~3s,而黑洞引起的暗适应时间更长一些,一般需要 10s 的时间。在隧道出口,驾驶员既可能受白洞(白天)的影响,也可能受黑洞(夜间)的影响,由于暗适应时间长于明适应的时间,因此,在确定紧急停靠带位置时,应采用暗适应的时间作为分析依据。

b. 紧急停车带与隧道入口安全距离。如果紧急停靠带距离隧道入口距离过短,同样会因隧道明洞或黑洞效应引起的车辆追尾事故。从紧急停靠带驶出的车辆 A 刚隐入隧道,车辆 B 在距离隧道口停车视距之外,未发现车辆 A 的存在,仍然以正常速度行驶,而此时车辆 A 正处于加速状态,车辆行驶速度低于车辆 B,当车辆 B 驶入隧道以后,在车辆 B 驾驶员还没有完全摆脱明洞效应或黑洞效应影响的情况下,或者是在完成对隧道环境的适应后,发现前方的车辆 A 时,已经没有足够的时间进行减速的情况下,则容易发生追尾事故。为避免此种情况的发生,在这里,假设车辆 A 隐入隧道时,车辆 B 位于隧道进口停车视距的位置,车辆 B 的驾驶员未发现车辆 A 进入隧道,那么车辆 B 将按照常规速度行驶,直至进入隧道发现车辆 A 之后,为避免与车辆 A 追尾而采取了紧急制动措施,避免两车相撞的临界条件是两车在追尾碰撞的临界瞬间速度达到一致。

c. 隧道群路段隧道之间紧急停靠带的设置位置。隧道群路段隧道之间紧急停车带的设置主要考虑明暗适应和停车视距因素。如图 4-9、图 4-10 所示,确定设置紧急停靠带的位置。

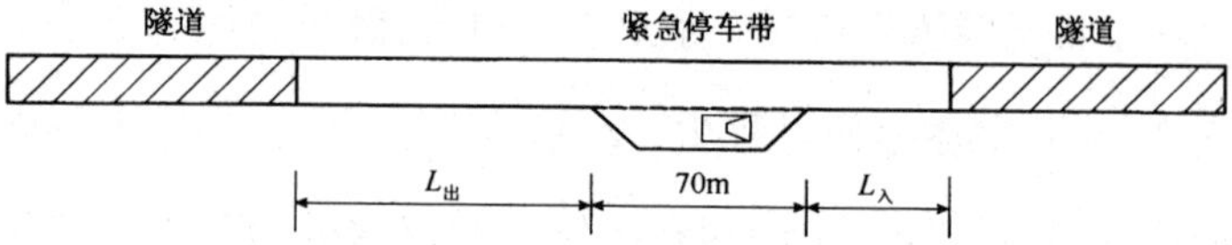

图 4-9　隧道群隧道之间紧急停靠带设置图

图 4-10　隧道群紧急停车带设置图例

(2)隧道群路段临时停车区设计

路侧紧急临时停车区的设计是为紧急情况下临时停车之用。隧道群路段行车环境突变频繁,容易引发突发事件造成紧急情况。此外,隧道群路段多为桥隧相连,隧道之间的桥梁路段一般难以设置紧急停车带。为此利用弃土填方,选择合适的位置设置路侧临时停车区,为驾驶员提供车辆检修和休息的场所,从而减少对主线交通流的干扰尤为必要。此外,一旦隧道内发生火灾等严重事件,临近的紧急停车区也可以作为车辆疏散的场所之一。

两个分离式隧道洞口的联络通道区域常被用来供车辆掉头使用,如图 4-11 所示。当隧道距离临时停车区较远时,适当地增加这一区域的面积(尤其针对中短隧道而言),作为故障车辆临时停靠的场所,有利于保障运营安全。

图 4-11　隧道洞口联络通道区域

四、隧道群路段与周边地方公路连通性设计

连通公路顾名思义是和公路“连通”起来的公路。但它和一般公路通过立交连接是不同的，它可以和公路平交。正常情况下，这个交叉是通过活动护栏封闭的，只有在发生紧急的事件时才打开使用。如前方 1km 处发生危险品泄漏时，车辆排队较长，既不能前进也不能后退时，可以通过连通公路将车辆最快地导流下去，消防车辆和救护车辆也可以在最短的时间内上来。

以东南某公路隧道群为例，根据相关设计图纸选择距离公路最近的普通公路作为连通公路。设计文件中该处为下坑大桥，普通公路在此处转了一个回形弯，两个路的高差约为 50m，连通较为容易实现，而且与之临近的梯子岭隧道和椅岭岗隧道都是长隧道，有助于紧急事件条件的应急管理，见图 4-12、图 4-13。

图 4-12　右线通过普通公路疏散

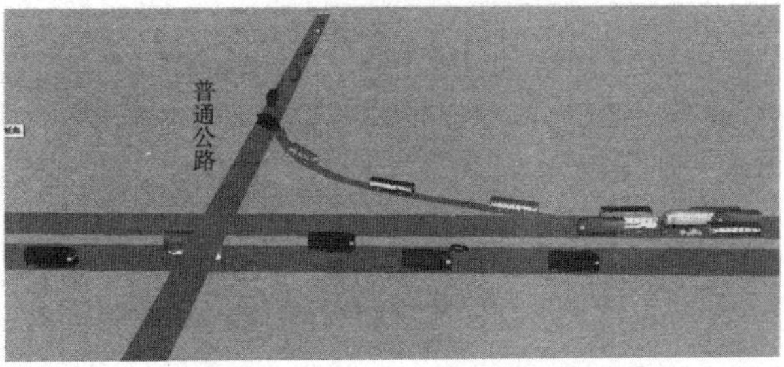

图 4-13　左线通过普通公路疏散

五、隧道群路段逃生通道(车行横洞)设计

由于隧道交通的特殊性，光线较弱、空气质量差、能见度较低、环境噪声大，

有时路面还有渗水现象,因而比一般路段发生交通事故的概率相对较大。加之隧道内迂回空间有限,发生交通事故时,对人员和车辆救援比较困难,如果发生火灾事故危险性和造成的损失就会更大。

所以车行横洞是疏散车辆、减少人车损失的重要通道。而当疏散车辆通过车行横洞进入另一个行车方向的隧道内时,这个隧道就临时变成了双向行驶的隧道,因此从车行横洞出来的车辆就需要更合适的转弯半径(或较宽的汽车转弯可用路面),而不能影响正常方向行驶的车辆。但就目前与隧道轴线成直交状态的车行横洞,显然无法实现上述的发生交通事故和火灾事故时紧急疏散车辆的功能。

(一)隧道横洞存在的问题

车行横洞在平常使用中最大的问题是汽车进出不方便,而大型车根本就进不了车行横洞。因为车行横洞与左右线隧道基本是 90°直交设计,并且车行横洞的路面只有 4m 宽,而汽车转弯进洞出洞时要有一定的转弯半径,如图 4-14 所示。

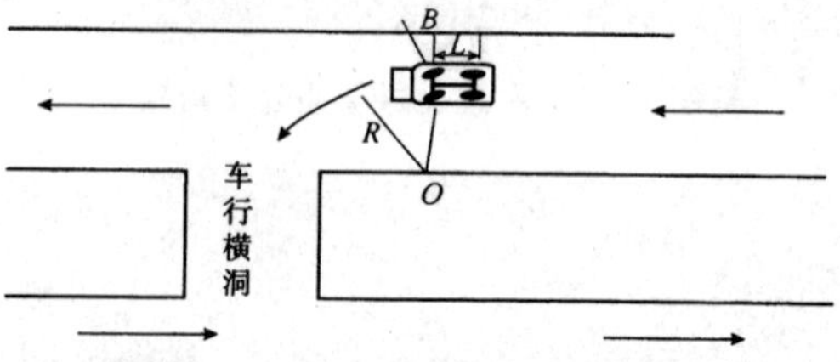

图 4-14　汽车进出车行横洞转弯半径示意图

图 4-14 中,设为汽车纵向对称面至瞬时转向中心 O 的距离,L 为汽车的轴距,B 为外侧转向轮转角,这里 R 近似为 $L/\sin B$。

在隧道内也近似为汽车转弯时可用路面的宽度,在 3 车道的隧道中,尺近似为 9m,而在双车道的隧道中 R 近似为 5m。这样许多大型汽车都进不了车行横洞,当发生交通事故需紧急疏散车辆时,不但不能起到应有的作用,反而会发生堵塞隧道现象,产生更大的安全隐患。

由于存在大车进不了横洞，小车勉强能进去横洞，但是出来时又占用完了对面正常方向行驶车辆的路面，因此目前的正交横洞起不了疏散车辆的作用。

在目前隧道的营运管理中，对于隧道内发生的交通事故和火灾事故，一般都是采用封闭隧道处理事故的方法。有时封闭隧道交通达数小时，而排队等待的车辆连绵几公里，使隧道真正成了公路的瓶颈。

(2)横洞的设计方案

①横洞的设计角度。为了方便汽车能顺利进出横洞，在隧道路面宽度及车行横洞路面宽度不变的条件下，就要改变车行横洞与隧道轴线的角度，或把车行横洞的进出口设计成具有一定的弧度，增大汽车转弯时可用路面的宽度。因此建议车行横洞长度大于 30m 的设计成正交带洞口弧度的大 S 形，而车行横洞长度小于 30m 的设计成与隧道轴线有夹角的斜交横洞，如图 4-15 所示。

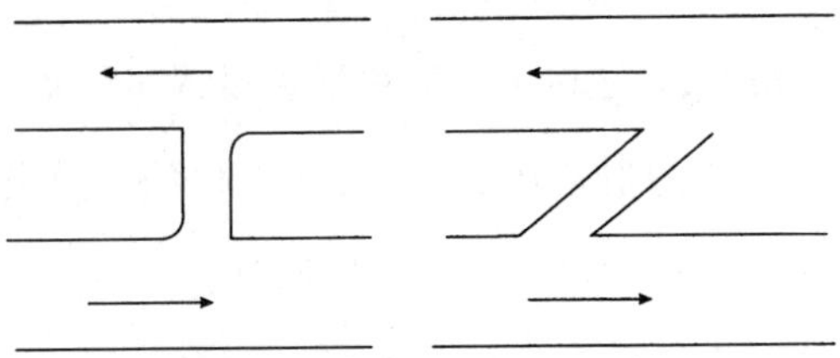

图 4-15　建议车行横洞的设计方案

从隧道结构安全考虑，当横洞与隧道斜交时，交角不宜小于 40°（而且尖角最好作圆弧处理），交角太小则锐角地段围岩易坍塌。

对于正交带 S 弧度的横洞，相交处可用半径不小于 12m 的圆曲线相交。横洞与隧道相交处应是隧道线路的设计高程处。

②横洞的设置间距。

A. 从驾乘人员避难疏散安全性考虑：

a. 避难联络通道安全性与设施设置间距成反比，设施设置间距越大，所需的避难疏散时间越长；

b. 当车行联络通道的设置间距 D 为人行联络通道间距 d 的倍数越大时，因为避难疏散出口仅能利用人行联络通道,出口宽度将减小,使得当 $D>2d$ 时,避难疏散所需时间将大幅度增加,而当时,相同人行联络通道间距,不同倍数的车行联络通道,对驾乘人员避难疏散所需的时间相同;

c. 考虑安全性,合适的人行联络通道设置间距 d 为 250~400m,车行联络通道设置间距 D 为预设的人行联络通道 1~6 倍间距,皆可符合避难总时间在 10min 以内的要求。

B. 从设施设置成本考虑:

a. 避难联络通道的设置成本与设施设置间距呈反比,人行和车行联络通道设置间距越大,设施总成本越低;

b. 当车行联络通道设置间距为人行联络通道设置间距的倍数越大时,设施设置总成本越低,当时,相同人行联络通道间距下,不同倍数的车行联络通道对降低设施设置总成本的增益将逐渐减少;

c. 考虑成本的经济性,合适的人行联络通道设置间距 d 为 250~400m,车行联络通道设置间距 D 的理想值是在 3 倍以上人行联络通道设置间距。

C. 横洞的宽度设计。横通道宽度对人员疏散的影响,主要表现为人员单位时间内通过该通道的能力。提高横通道宽度,对于缓解人员大量集聚、减少需要的人员疏散时间(RSET)具有重大影响。

如果考虑火灾时通风系统未启动,对于车行横通道间距为 750m、人行横通道间距为 250m、人行横通道宽度为 2m 的情况,隧道内客车比为 0.45、客车满客率为 0.66 或 1.0 时,正常行驶与车行堵塞情况下,人员需要的安全疏散时间(RSET)均低于可用的安全疏散时间(ASET),满足人员安全疏散的要求。而客车比为 0.55、客车满客率为 0.66 时,行车堵塞时人员疏散需要的安全疏散时间(RSET)接近可用安全疏散时间(ASET)。而当客车满客率达到 1.0 时,对于行车堵塞情况,隧道内存在人员安全疏散需要的时间(RSET)超过相应的可用安全疏散时间(ASET),无法满足安全疏散的要求。人行横通道宽度改为 3m 时,则可满足安全疏散要求。

③横洞设计原则。沿隧道线路方向每隔一定距离设置一定数量的横通道，使主隧道相互连通，人员通过横通道到达另一主隧道逃生。

对于常规的上下行分离设置的山岭公路隧道，一般首先考虑此方案。典型的暗挖法施工的山岭隧道横通道布置见图4-16。人行横通道间距最大不超过400m，净高为2.5m；车行横通道间距最大不超过1000m，净高为4m。

图4-16　暗挖法隧道横断面示意图

六、安全设施设计

隧道段的交通安全设施主要包括标志、标线(含突起路标)、轮廓标及护栏等。

(1)标志。交通标志是用图形符号、颜色和文字向交通参与者传递特定信息、用于管理交通的设施。交通标志的设置要以完全不熟悉设计项目及其周围路网体系的公路使用者为设计对象，应充分考虑整个路网和设计项目之间的关系，应符合“充分满足功能要求、尽量考虑美观、统一规格并降低造价”的原则。交通标志的设置还应与交通工程监控、通信、环境等其他沿线设施的协调配合。隧道群路段标志设置较多，应注意标志版面内容与设置间距，防止信息过载。

隧道区段标志主要包括：

①隧道标志。隧道标志宜设置在隧道入口标志群的最前方，用于指示隧道名称和长度。隧道路段与其他路段在行驶条件上不同，主要是照明、通风、视野及横断面等的变化，所有这些均可能对行驶安全产生影响。提前提醒前方有隧

道,驾驶员就会从心理和驾驶行为上做好准备。对于长大隧道及其他处于视距不良路段的隧道,还可设置隧道预告标志。

②禁令标志。隧道区段通常是禁止超车的,所以需设置禁止超车及解除禁止超车标志,有时还用到限高标志。当隧道内的设计车速低于相邻路段的设计车速或运行速度时,应在进入隧道前设置限速标志。

③紧急电话指示标志。紧急电话标志设置在紧急电话箱上,为了便于指示距出事地点最近紧急电话的方向和距离,在沿隧道右侧各紧急电话之间应设电话位置指示标志。

④紧急停车带标志。隧道内设置紧急停车带时,应在紧急停车带前端适当位置设置紧急停车带标志,用于指示其位置。

⑤紧急出口、避难通道标志及疏散指示标志。紧急出口、避难通道标志用于指示紧急出口、避难通道的位置。疏散指示标志用于指示该点与紧急出口、避难通道的距离及方向,在隧道内发生紧急情况时,指示行人、车辆迅速离开(图 4-17)。疏散指示标志应设置于隧道侧壁上,间距应不大于 50m。

图 4-17　疏散指示标志

⑥消防设备指示标志。消防设备指示标志用于指示隧道内消防设备位置。

(2)标线及视线诱导设施。路面标线及视线诱导标是引导驾驶员视线,诱导驾驶员驾驶的重要手段,它可以确保车辆分道行驶,加强车辆行驶的纪律和秩序,提高公路使用效率,减少交通事故。

隧道群路段禁止超车,行车道分界线为实线。为提高隧道内路缘石、公路边界等设施轮廓的感知性,车道边缘线采用振动反光标线。

在隧道内及进出口100m范围的车道边缘线外侧设置双面反光凸起路标，颜色与标线的颜色同为白色，这种设置美观效果较好。但警示效果没有设置红黄两色的反光警示柱好，而且警示柱要比双面反光凸起路标更经济。也可以采用在隧道内检修道的边缘涂红白相间反光漆，这样成本更经济，警示效果更连续，不间断。后两种设计方案美观效果没有第一种好，设计时建议综合考虑安全性、经济性和美观性选择适当的设计方案。由于隧道有可能因事故原因而双向通车，隧道内的凸起路标均为双面反光。

在隧道内两侧电缆沟侧壁上设置双面反光凸起路标作为立面标记，凸起路标的颜色与标线颜色一致。

需要限速的隧道，应在隧道入口前设置减速标线（图4-18）。

图4-18　隧道前的减速标线

隧道内的视线诱导设置主要是轮廓标。轮廓标用于指示隧道的边界和轮廓。由于隧道内能见度较低，且污染物较多，车道边缘线和凸起路标易受污损而降低反光效果，轮廓标的作用更加突出。轮廓标通常设置于隧道壁和检修道上。也可以在检修道的侧面和顶面贴反光膜或刷反光漆来强化轮廓指引效果。

（3）护栏。为节省公路建设投资，隧道横断面一般比路基横断面窄，硬路肩通常被简化掉了。因此，应对隧道两端的护栏进行端部过渡设计，避免车辆撞击隧道壁、检修道或冲出路外，同时避免护栏端头对车辆和人员可能造成的伤害。

在隧道入口处，护栏面应与检修道边缘平齐，并深入到洞口以内（图4-

19)。在隧道出口,护栏与隧道侧壁连接。采用双波形梁板时,应在护栏板下增加摩擦梁(槽钢或波形梁板),以更好地实现不同防护形式间线形、刚度与强度的过渡。

图 4-19　设置端部过渡护栏的隧道口

七、监控系统设计

智能化的隧道交通监控过程需要先进的信息采集、发布以及监控管理设备和技术。信息采集方面,应实时进行交通检测、环境检测,以及火灾检测和报警信息检测;信息发布方面,除了常规的车道指示器、交通信号灯等,建议采用可变信息板、无线广播等设施提供实时的路况、天气信息;监控管理方面,应考虑隧道路段驾驶员在各种不同情况下的需求,建立合理的防灾与安全管理对策库。

对于隧道群的监控系统设计,除了满足单体隧道的运营安全需求,更为重要的是考虑隧道间的相互影响,进行整体设计和联动控制。主要考虑以下几个方面:

①考虑交通流数据的共享性,运用适当的交通流控制技术,提高突发事件的主动预防和被动识别能力。

②考虑隧道群中某一隧道发生突发事件(尤其是毗邻隧道)对其他隧道产生的影响,及时采取相应的措施,控制突发事件影响区域的行车安全,达到快速

处理突发事件,并预防二次事故的目的。

(1)车辆检测器布设

车辆检测器主要用于自动检测隧道内的交通参数,为制订交通控制方案提供依据。《公路隧道交通工程设计规范》规定车辆检测器宜设置在车流平稳的区域,设置间距宜在500~700m。

对于目前一些交通流运行风险动态评估技术,需要检测隧道内部以一定距离间隔的交通流实时数据,包括车速、每个车道的流量等参数,才能进行交通流运行风险的动态评估,对车辆检测器布设方案提出更高的需求。建议可适当缩短车辆检测器布设间隔,同时,若将现有监控系统中的摄像机换成视频车辆检测器,可以同时满足视频巡查和交通流参数获取的需求。

(2)能见度监测设备布设

为方便实时监测隧道及隧道群路段能见度状况,实现运营环境风险的动态评估,建议在隧道洞口外设置能见度监测设备。

(3)交通控制系统

交通控制系统是运营管理时用来管理交通、引导疏散、提高服务水平的一个重要系统,交通控制设备的设置位置、技术标准、设备种类是否合适,对运营期间的安全行车、救援引导等有很大的影响。

①车道指示器。根据《公路隧道交通工程设计规范》,隧道内直线段设置间距应不大于500m。为了保证在车道标志前200m驾驶员能准确识别,并采取相应的措施,建议采用不小于350mm×350mm的车道指示器,并采用LED光源。

②可变情报板。从路网交通流疏导分流的角度考虑,建议在隧道群及较长隧道入口前一段距离设置可变情报板,便于及时引导车辆绕行。为了驾驶员能够看清情报板内容并采取相应措施,建议汉字尺寸至少60cm。

③可变限速标志。为控制隧道及隧道群路段的车速,达到降低运营风险的目的,建议在隧道洞口前设置可变限速标志,满足不同环境下的可变限速要求。

④隧道内电光标志。由于隧道空间狭小,人员处于隧道洞口与人行横洞之

间，一般很难凭视觉判断出自己离哪个洞口近，为解决该问题，保证人员从就近通道逃离，建议按照一定间距增设疏散标志，疏散标志上应标明离横洞的方向和距离。

⑤建议在隧道洞口外500m开始，设置声光异常事件报警灯，有助于在隧道发生异常事件时（事故、火灾等）提醒驾驶人员及时注意，减速慢行或者停车等，保证隧道的行车安全。

⑥建议在隧道报警按钮处设置LED发光按钮，并在紧急电话洞内也应设置照明，以方便驾驶人员在隧道内发生异常事件能快速找到报警按钮进行报警。

⑦考虑到一些车辆由于自身温度过高引起车辆自燃，建议在隧道入口前设置红外线测温设备，防止温度过高的车辆进入隧道。

八、通风、消防及救援设施

（1）通风设施。汽车所排出的废气含有多种有害成分，如一氧化碳、烟、氮氧化物、铅、磷化物等，是气态和浮游固态微粒的混合物；汽车还能携带尘土和卷起尘埃，这些物质造成了隧道内的空气污染。而隧道是个闭塞的空间，一般只有进出口与大气相同，污染物不能很快扩散，所以隧道内污染空气的浓度会逐渐积累。当浓度很小时，通常影响不大。但是，剧毒的CO浓度增加后，会使人体产生不同程度的中毒症状，直至危及生命。空气中的烟雾可以影响能见度，含烟（尘）量达到一定程度后，即可使能见度下降到妨碍行车安全的程度。总之，隧道内的空气污染，既会造成人体的危害，又会影响行车安全。因此，需采取措施，把隧道内的空气质量和能见度控制在可以接受的范围内。

隧道通风主要是对一氧化碳、烟雾和异味进行稀释。《公路隧道设计规范》（JTG D70—2004）及《公路隧道通风照明设计规范》（JTJ 026.1—1999）规定了不同通风方式条件下，不同的交通状态下的CO设计浓度、烟雾设计浓度和异味稀释的换气频率。

按车道空间的空气流动方式，隧道通风方式大体上可以区分如图4-20

几种。

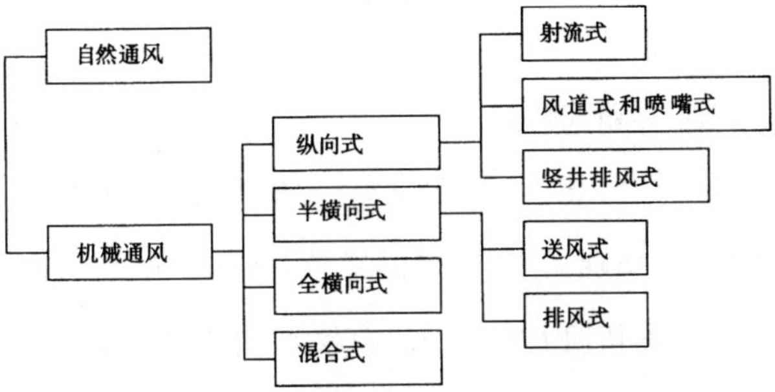

图 4-20　隧道通风方式分类图

选择通风方式时要考虑隧道长度和交通条件,同时还要考虑气象、环境、地形以及地质等条件。在充分考虑各种因素后,选择既有效又经济的通风方式。

(2)消防设施。公路隧道由于空间小,路面窄,发生火灾后车辆和人员难以疏散,火势容易蔓延,甚至发生连环爆炸。狭窄的空间也给救援人员的进入带来了困难。此外,火灾消耗掉隧道内的氧气,带来浓烟和有害气体,对人的生命构成严重威胁。因此,隧道设计应该具有相应的防火措施。

①比较长的隧道应划分防火分区。《公路隧道通风照明设计规范》(JTJ 026.1—1999)建议防火分区长度取为1000m,是基于与避难横通道所处位置基本对应而提出来的。各个防火分区应有相应的排烟要求及人车逃离方案。长隧道的通风井与隧道之间的所有相通的门均应做成甲级防火门,耐火极限1~2h。

②隧道所用的材料耐火极限应为1.5~2h。隧道内的灯具、电话箱和灭火器箱体等亦应用不燃材料制成。电缆应用阻燃电缆或耐火电缆,各类电气线路均应穿管保护。

③设置机械通风的隧道,应视隧道内火灾点的位置确定送排风风向,应尽量缩短火灾烟雾在车道内的行程。

④通风设备在设计选型时,必须考虑到发生火灾时排烟的要求,具备高温情况下能维持一定工作时间的功能,并可远距离遥控启动。排烟风机应按重要

负荷供电,设两个互为备用的电源,末端应能自动切换。

⑤设置疏散避难设施,如避难通道、隧道两端的诱导路、定点急救避难场所等,对于双孔隧道,可把联络通道作为避难设施。同时,还应设置带蓄电池的事故照明灯、紧急广播、灯箱式疏散诱导标志。

隧道消防设计贯彻"以防为主、防消结合"的方针。要做到立足于防灾进行设计,同时隧道内一旦出现火灾,必须做到早发现,及早扑灭,避免小火酿成大灾。对于隧道内发生的初期火灾,采取"自救为主,外援为辅"的原则,确保使隧道使用者能够方便地使用隧道内的消防报警和灭火设备。一旦发生较大火灾,应为隧道内人员提供基本的逃生手段。

消防设施主要用于隧道内发生火灾时,提供给行车人员、隧道管理及消防人员的火灾灭火设施。

(1)救援系统。隧道作为特殊的交通环境存在着比其他路段更多的安全隐患,一起比较小的隧道意外事件很可能在短时间内引发或演变为一场非常严重的灾害性事故。由于隧道的封闭性,紧急事件发生后现场人员逃生困难,必须依靠及时有效的外部救援。

隧道应急救援技术支持系统包括隧道监控系统、通风系统、照明系统、安全设施和通信系统等系统。应急救援系统是对通风、照明、交通、消防等多个系统的联动协调控制,根据隧道现场情况一起做出反应动作,以保证最佳效果。

根据《公路隧道监控系统模式》(GB/T 18567—2001),可按隧道长度、交通量及隐含事故率将隧道监控系统划分为A、B、C、D四个等级,不同的监控系统等级对应不同的系统设备配置。布设在隧道内的车辆检测器、一氧化碳检测器、能见度检测器、风向风速检测器、自动火灾检测器、手动火灾报警按钮可以检测隧道内实时的交通流量、火灾信息、环境信息,系统通过对这些数据的分析,判断隧道内交通、环境等的状态是否正常。通常系统具有自动控制和人工干预控制两种方式。正常情况下,系统处于自动控制状态,执行正常控制程序。在紧急情况下,系统一方面向监控值班操作人员发出声、光、电报警信号,一方面迅速中断正常程序，进入应急救援处理程序，提供预先编制存储在系统内的控制方案，待系统操作员综合闭路电视图像、紧急电话等信息对现场情况确认后执行控制指令，启动控制方案。这些方案包括可变信息标志的显示内容、风机的启动、照明灯的点亮、横洞卷帘门的打开等。

隧道应急救援系统的首要任务就是要能自动、及时地检测到异常事件的信息，快速的反应、判断和处理事件。异常事件大致可分为常发性事件和偶发性事件。常发性事件具有一定的规律性，人们可以通过事先计划来避免事件造成的交通延误或损失。而偶发性事故却无法事先预测。对于严重的偶发事件，制定应急预案的是必需的，以确保一旦发生严重事件应急救援机构和人员能够及时响应。

应急预案是应急救援系统的重要组成部分，针对各种不同的紧急情况制定有效的应急预案，不仅可以指导应急人员的日常培训和演习，保证各种应急资源处于良好的备战状态，而且可以指导应急救援行动按计划有序进行，防止因行动组织不力或现场救援工作混乱而延误事故应急救援，从而降低人员伤亡和财产损失。应急预案对于如何在事故现场组织开展应急救援工作具有重要的指导意义，它有助于实现应急行动的快速、有序、高效。因此，如何制定有效完善的应急预案具有重要的现实意义。

九、节约型隧道照明系统

目前，隧道照明系统和照明灯具的设计都是按照《公路隧道通风照明设计规范》(JTJ 026.1—1999)和《公路隧道照明灯具》(JT/T 609—2004)两个标准执行。截至2008年底，我国已开通运营的公路隧道达5400多处，接近3200延公里，多数分布在我国的西北和西南地区。在今后10年内，随着“五纵七横”国道主干线的贯通，将新建总长为155延公里以上的公路隧道。隧道数量的增多，使得隧道照明设施规模不断增大，其运营费用也越来越高。对我国一些省份隧道管理部门的调查表明，隧道照明费用已成为公路隧道运营中最主要的开支。

为克服驾驶员隧道行车过程中由于“黑洞”和“白洞”效应产生的视觉滞后现象,应综合考虑隧道安全与节能两个因素,进一步研究和探讨隧道照明新技术,从隧道照明系统设计、照明光源选取和节能控制等方面,最大限度地提高隧道照明效果,使隧道出入口、隧道内部与隧道外部环境亮度相匹配,这对于节约公路隧道照明运营成本,保障行车安全,提高隧道通行能力,减少环境污染都具有重要的意义。

(1)隧道照明分段及照明要求

不同隧道照明标准对隧道的分段要求不同。国际照明委员会(CIE)将隧道分为阈值段、过渡段、内部段和出口段;日本的隧道照明标准中将隧道分为引入段、适应段、过渡段、基本段和出口段。虽然分段方法不同,但整体隧道照明梯度分布都呈“U”形分布(图 4-21),符合人眼的视觉特性。

从图 4-21 可以看出,从隧道入口段到基本段亮度逐渐下降,对于双向行驶隧道,出口段亮度值的高度分布和入口段对称。在知道交通速度的情况下,采用图 4-22 的亮度下降曲线,就可计算出隧道内理想的亮度梯度分布。图 4-22 中的亮度变化也可逐级进行,但前一级亮度和后一级亮度的比值不得超过 3∶1,且绝不能低于图 4-22 中的虚线限额。

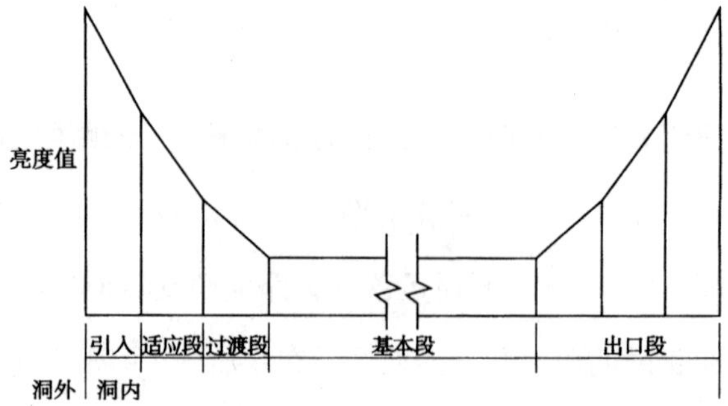

图 4-21　日本照明标准规定的照明渐变梯度图(白天)

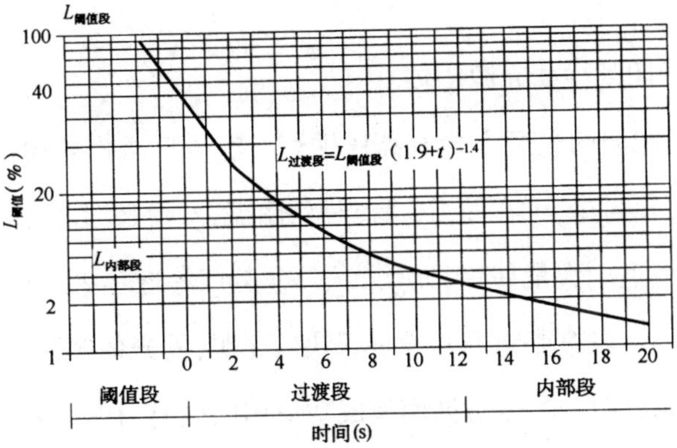

图 4-22　CIE 规定的隧道中亮度的降低曲线

将隧道照明分为 5 段:入口段、适应段、过渡段、内部段和出口段。其中入口段、适应段和过渡段的照明属于入口照明,过渡段分为过渡段 1 和过渡段 2,这样可使入口段照明梯度更为缓和。

日本的隧道照明标准中更进一步将隧道入口照明分为引入段、适应段、过渡段。过渡段的亮度由下式决定:

$$L_{trans} = L_{th}(1.9 + t)^{-1.4} \tag{4-1}$$

式中:L_{trans}——过渡段亮度(cd/m^2);

t——进入过渡段适应时(s);

L_{th}——阈值段的照明(cd/m^2)。

内部段是隧道内远离外部自然光照明影响的区域,驾驶员的视觉只受隧道内照明的影响。内部段的特点是全段具有均匀的照明水平。因为在该段内照明水平完全不需变化,所以在该段内只需提供合适的亮度水平,具体数值由交通流量和车辆时速决定。

出口段是单向隧道的最后区段,由于接近出口时驾驶员的视觉会受到隧道外亮度的影响,因此可能造成驾驶员不能及时发现前面行驶在大货车阴影里的小车。如果隧道为双向通行时,可以使出口照明和入口照明保持对称布置。出口段照明只需将隧道最后的 60m 区域的亮度提高到内部段亮度水平的 5 倍即可。

(2)隧道照明的主要光源比较

目前,隧道照明的光源主要有高压钠灯、荧光灯、金卤灯等。其中,高压钠灯光效高、紫外辐射少,可在任意位置点燃,耐振、寿命长,在隧道照明特别是山地等城市外的隧道中大量使用;而荧光灯、金卤灯等近年来在城市隧道照明中获得大量的应用。LED 是近几年发展很快的光源,其光效等性能指标快速提高而价格快速下降,在显示、景观照明等成功应用的同时,在公路照明等定向照明中逐步获得应用。目前,用于隧道照明的主要光源光电参数如下:

①高压钠灯,100~130lm/W 左右;发光效率高,寿命长(24000h)、特性稳定,光通维持率高,透雾性强。

②低压钠灯,发光效率特高,寿命长(29000h),光通维持率高,透雾性强,透视性较好,但显色性差。

③金卤灯,80lm/W 左右;具有寿命长(8000~20000h),光效高,显色性好,功率大等特点。

④陶瓷金属卤化物灯,是将金属卤化物灯的石英放电管改成陶瓷材料放电管的金属卤化物灯,其性能优于一般金属卤化物灯。

⑤高压汞灯,寿命长,成本相对较低。

⑥紧凑型荧光灯(节能灯),发光效率比普通荧光灯高 5%,细管型荧光灯比普通荧光灯节电 10%,紧凑型和细管型荧光灯是当今“绿色照明工程”实施方案中推出的高效节能电光源。

⑦电磁感应灯(无极灯),60lm/W 左右,具有寿命长(60000h),光性能好,能瞬时启动,显色性好,无闪烁,高功率因数,易于管理和维护,并且具有可调光镇流器,调光范围可以达到 30%~100%。

⑧白光 LED 灯(美国 cree 公司),110lm/W 左右(2008 年可达到 150lm/W),具有高光效,显色性能优于以上几种灯具,电压低、电流小、亮度高、寿命长(50000~100000h),且具有快速响应和运行成本低等优点。

华南理工大学的李春茂、李蓉等给出了以下几种隧道照明灯具的特性对比结果。表 4-5 中的 E_1、P 和 E_2 分别表示计算不考虑显色性时的光效系数、相对照度、对比系数和计算考虑显色性时的光效系数。由表 4-4 可见，按照目前隧道照明灯具的水平，LED 灯是高压钠灯光效的 1.37 倍以上，在常用光源中其光效最高。

表 4-4　公路隧道常用照明灯具性能对比表

光源种类	高压钠灯	金属卤化物灯	紧凑型荧光灯	电磁感应灯	白光 LED 灯
显色指数	60	78.5	85	85	90
光通量	110	80	60	62.5	80
灯具利用系数	0.45	0.45	0.45	0.45	0.85
光效	49.5	36	27	28.125	68
相对照度	1.598	1.424	1.300	1.300	1.196
E_1	1	0.727	0.545	0.568	1.374
P	1	1.122	1.229	1.229	1.336
E_2	1	0.816	0.671	0.699	1.835

(3) LED 作为隧道照明光源的特点

LED 隧道灯的整体效率除与采用的 LED 的光效相关外，还与三个因素有关：二次光学设计达到的光线利用率、有良好散热保证的 LED 输出光通量维持性能和 LED 驱动电路的效率。以上几个部分的效率相乘得到 LED 隧道灯的整体光效。通过对 LED 发光机理的研究，可以推算出 LED 的辐射光谱效率可达 350lm/W。由于 LED 发光机理上是冷光源，且辐射中光谱全在可见光范围内，因而实际效率有望更接近理论值。即使考虑到工艺上的局限，实际 LED 光效如果达到理论值的一半也很可观。光效的提高意味着对能量利用效率的提高，当

LED 的生产工艺发展成熟之后，在和传统隧道照明光源的比较中 LED 的节能优势将得以凸显。与传统光源相比，LED 体积小，在许多应用场合甚至可以将其当作点光源来处理，这就给灯具的光学设计带来很大的灵活性。同时，传统光源灯具中由于光源尺寸较大而存在的光源遮挡与吸收作用在 LED 灯具中也不存在了。LED 只向半空间发出光线，这意味着不加任何形式的反射器，光源发出的光线也能全部射向受照面方向，这一特点决定了 LED 灯具有望做到 90%以上的灯具效率，同时通过合理的光学设计达到很高的光通利用率。

以上是 LED 用于隧道照明在整体光效方面可能的优势，但如何将其优势转化为实际的可应用产品，尚需解决许多技术问题。LED 是与高压钠灯等传统光源很大不同的光源，用于隧道照明不能简单地将 LED 取代现有的光源，也不能简单地点亮 LED 即用于隧道照明。如何整合 LED 隧道灯具的各个部件以达到对光源光通量的最大利用率，进而最大限度地实现照明节能是我们面对的挑战。

隧道照明由于是 24h 点灯，一年即 8760h，连续点灯 4 年约 35000h，且由于隧道内灯具的更换非常麻烦，因此，对隧道灯具的寿命要求是很高的。灯具中影响寿命的主要是光源与镇流器，灯具及玻璃等寿命很长。在传统光源包括荧光灯、金卤灯、高压钠灯，都是灯的寿命比镇流器短，因而往往以更换灯管的方法延长整个灯具的整体寿命。LED 灯具中，LED 器件的理论寿命很长，因此，LED 的驱动器的寿命变成瓶颈。传统光源中，无极荧光灯作为荧光灯的一个变种，其寿命很长，一般认为可达 5 万 h 以上，但其点灯为高频交流信号，相应的镇流器技术较为复杂，因而其寿命将是主要瓶颈。

从 LED 市场发展的轨迹和生产技术的不断进步看来，目前制约 LED 作为照明光源推广的价格过高等问题将逐步得到解决，LED 在各种照明中的应用必将逐步普及和深入。按照业内分析，LED 的价格下降趋势是每 24 个月下降一半。因此，随着 LED 价格的快速下降，与传统光源相比，LED 的优点所造就的灯具效率高、使用方便、环保性好、寿命长等特点将更加突出，特别是在定向照明包括隧道照明等领域将迅速得到推广。

目前,LED 大多应用在山岭公路隧道,应用效果各不相同,应用中尚有诸多问题,如光衰大、结温高、灯具结构不尽合理、照明均匀性差、驱动电源寿命、质量参差不齐等。仍需要加强 LED 隧道照明灯具的系统性研究,形成系统性的技术指标和设计规范,以确保 LED 隧道照明灯具应用的可行性。

(4)隧道及隧道群照明节能控制新技术

①隧道照明系统自适应动态调光节能技术。影响隧道照明能耗的因素主要有洞外亮度、光源、电源、维护系数和路面类型。提高隧道内照明的标准值都是根据隧道洞外的亮度乘以一个系数得来的。以 80km/h 的双车道单向交通为例,若设计交通量大于等于 2400 辆/h 时,其入口段的亮度折减系数为 0.035。在设计隧道照明时,要求按照夏天中午时的最大洞外亮度进行计算加强照明的亮度,并考虑到足够的冗余,以确保运营期间的每一天且灯具的亮度衰减到额定值的下限时,洞内照明强度依旧能够满足规范要求。但在实际运营期间,洞外亮度会随着天气、季节和时辰的不同而每时每刻都在变化。图 4-23 为不同的洞外亮度情况下洞内加强照明能耗相对百分比(以 4000cd/m^2 为 100%)。从图 4-24 中可以看出,洞外亮度对隧道能耗影响相当大。图 4-24 示出了晴天隧道洞外亮度的变化情况。

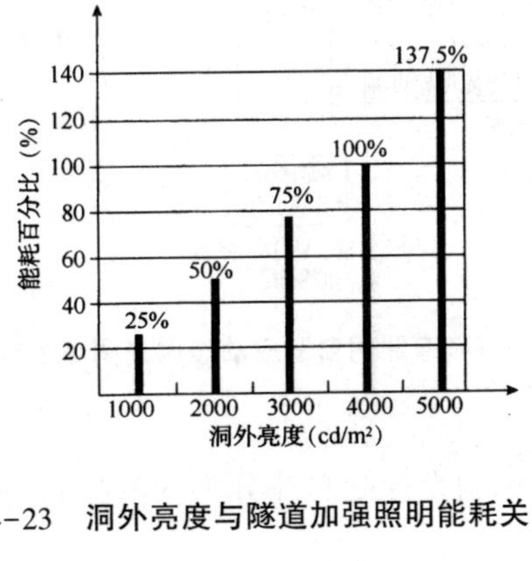

图 4-23　洞外亮度与隧道加强照明能耗关系图

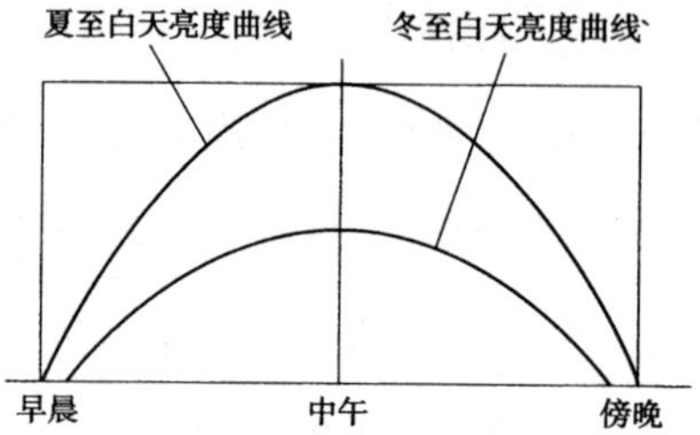

图 4-24　晴天白天洞外环境亮度时间变化曲线图

另外,根据隧道内的实时交通流量大小也可以合理调节隧道照明系统的功率。例如,夜间零交通量时间段内就可以按照实际检测到的交通流量调节隧道照明灯具的照度。

所以,本部分从安全、节能、视觉适应性三方面研究公路隧道及隧道群自适应动态调光照明监控系统。自适应动态调光的动态输入参数只有两个:天气自然环境(洞外环境照度)和隧道内车流量。自适应动态调光闭环控制原理如图 4-25 所示。

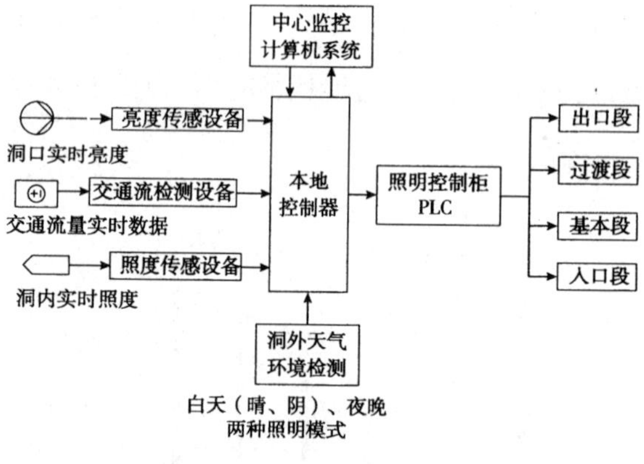

图 4-25　隧道照明自适应动态调光闭环控制原理

隧道照明自适应动态调光控制总体分为两种模式:白天(晴、阴)和夜晚两种不同自然环境光模式。

控制参数分为:洞口外环境亮度、洞内照度、隧道内实时交通流量。在隧道的洞口外设置亮度检测设备，在入口段、过渡段和基本段设置照度检测设备，实时获取洞内照度，由本地控制器上传送入监控分中心计算机，经计算机处理后产生控制方案，并将控制指令下传到本地控制器，由本地控制器控制照明控制柜的驱动单元执行。照明控制柜的微处理器根据隧道内不同区段的照度要求，计算每一个电子镇流器所需要调节的功率值，分别控制对应的照明回路，实现隧道内的柔性曲线照明，进而达到既安全，又可节能的目的。

②隧道群出入口段照明减光联动控制技术。从国内已建隧道的实际运营状况来看，隧道群照明控制仍然是独立进行的，并未考虑“群”这一典型特征对隧道照明特性的影响。另外，国内外关于隧道群照明相关关系的研究比较少，研究资料与成果经验也非常匮乏。仅日本有关人员对此进行了研究，其研究成果是根据两隧道间的行车时间长短对前方隧道入口段照明亮度进行折减（表4-5）。

表4-5　隧道群中前方隧道入口段照明亮度折减率

两隧道之间行驶时间(S)	<2	<5	<10	<15	<30
前方隧道入口段照明亮度折减率(%)	50	30	25	20	15

我国现行的《公路隧道通风照明设计规范》(JTJ 026.1—1999)中也是借鉴了日本该方法对隧道群中前方隧道入口的照明设计标准进行规定。《公路隧道通风照明设计规范》(JTJ 026.1—1999)提到了“连续隧道”，但并未在概念上对其予以明确说明。该规范中只是表述为“连续隧道是指两隧道间正常行驶时间小于30s的隧道”。也就是说，如果隧道设计时速80km/h(100km/h)，隧道间距在666.7m(833.3m)以内时，就可称为是连续隧道，就应该按照隧道群的进行照明系统进行设计。也就是说，设计隧道群的照明系统时应该考虑对相邻两个隧道中前方隧道入口段的照明亮度进行适当折减，这样即符合人眼明暗适应的要

求,也能达到安全节能的目的。

然而,目前我国的隧道照明系统大都是按照单独隧道的情况设计照明系统,对隧道群照明系统的研究不够深入和全面,没有充分挖掘出隧道群照明系统存在的节能空间和可行性。只有终南山隧道群的照明系统考虑了相邻隧道之间的减光和遮光问题。一次减光和遮光设施的投入,达到了长久收益的效果。如图 4-26 所示是西汉隧道群出入口路段遮阳棚设置后的光线效果。

图 4-26　遮阳棚实际设置效果

从图 4-26 可以看出,通过在相邻隧道的出入口连接路段上设置遮阳棚等减光建筑,能有效降低隧道出入口路段的亮度,为驾驶人员提供视觉调整时间,从而降低事故发生率,同时可降低前方隧道入口段的照明亮度,节约隧道照明费用,达到安全性与经济性的统一。遮阳棚的构造特点主要是在钢筋混凝土梁上嵌装透明或半透明材料。

第五章　路侧及安全防护设施设计

路侧设计是对路肩外边缘与征地界限之间的地带进行的设计。路侧设计的目的是使驶出路外的车辆安全返回或安全停靠。交通事故统计结果表明，在我国公路近年发生的交通事故中，约有30%的交通事故是由于车辆驶出路外造成的，由此造成的特、重大恶性交通事故占该类事故总数比例的62%以上。车辆驶出路外的原因很多，包括驾驶员注意力不集中、疲劳、超速、酒后驾车、躲避对向车辆、恶劣路况、视线不良以及车辆控件失灵等。如何在这些情况下最大限度地保障驾乘人员安全是路侧设计的任务，这也是宽容公路的设计理念。

第一节　路侧安全净空区

一、定义

路侧安全净空区是指行车道外边缘往外的一定的区域，包括硬路肩、土路肩以及可控制行车的边坡，其宽度根据预测交通量、运行速度以及公路的几何指标而定，见图5-1。这个区域里应无任何危险障碍物，相对平坦，可供失控车辆重新受控。

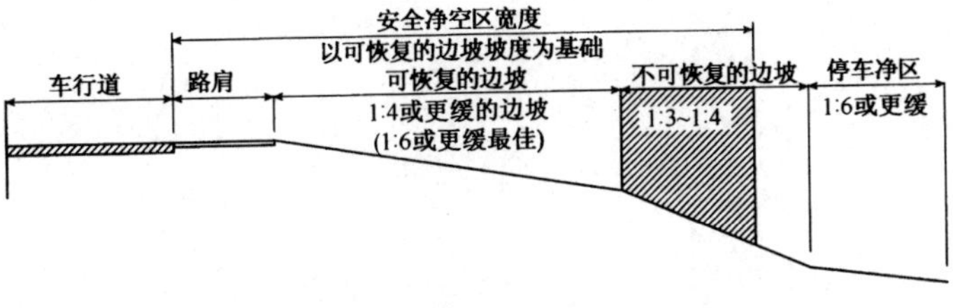

图5-1　路侧安全净空区

注:由于必需的路侧安全净区内有一部分为不可恢复的边坡(图中阴影部分),需要附加的停车净区,其宽度等于阴影部分的宽度。

在实际条件许可的情况下,路侧设计中必须满足侧向净空要求。即路侧空间必须可穿越,而且不可有任何会对失控车辆造成严重伤害的障碍物,如树木、立柱、涵洞端墙和陡坡等。

二、路侧安全净区宽度

公路直线段的填方段路侧净空宽度一般为 9m(图 5-2)。路侧安全净空区并非常量,与设计车速、交通量和公路几何线形有关。曲线段路侧安全净空区的宽度为直线段安全净空区宽度乘以曲线系数 Fe,最小路侧安全净空区为标准路肩宽度或 1. 2m,具体计算见《公路项目安全性评价指南》(JTG/T B05—2004)。

图 5-2　路侧安全净空区

路侧净空区的宽度应该调整到使大多数驶出路外的车辆都能在一个平坦的、有承载力的路肩上停住或能返回到行车道。路侧净空区的尺寸的经验值如表 5-1 所列。

表 5-1　路侧净空区的经验值

路别	干线公路(120km/h)	集散公路(80km/h)	支路(60km/h)
理想值(m)	13	6	2.5
最小值(m)	10	4.5	1.5

三、填方边坡

填方边坡坡度陡于 1∶3.5 的边坡上不能行车,不能作为有效安全净空区。

填方坡度在 1∶3.5~1∶5.5 之间为临界坡度,驾驶人有较多的机会控制车辆下坡,可以把 1/2 宽度的边坡作为安全净空区。

填方边坡坡度缓于 1∶6 时,整个坡面宽度可作为安全净空区(图 5-3)。

图 5-3　填方边坡的处理

四、路侧净空区内障碍物的处理

在路侧安全净空区内,所有障碍物应按如下顺序处理:

①清除障碍物;

②挪至净空区外;

③通过重新设计排除障碍物;

④控制障碍物,降低障碍物的危险程度到可以接受,如采用解体消能设计;

⑤对障碍物进行防护，设置安全护栏或防撞垫等；

⑥对障碍物进行标示。

前两种方法都是把路侧安全净空区内障碍物消除掉，重新设计是指对路侧净空区内的路肩横坡、路缘石、路基边坡、排水沟、涵洞出口等进行重新设计，使之符合可安全穿越的要求，包括消缓边坡、延长涵洞结构长度，取消涵洞翼墙或使涵洞出口与边坡平齐并加盖，降低路缘石高度，或设计成可穿越式的（图5-4、图5-5）。

图 5-4　路侧排水边沟加盖板

图 5-5　浅蝶式排水边沟

五、解体消能结构

解体消能结构是采取一种改进设计，使路侧净空区内的标志柱、灯柱等在动、静荷载下维持正常功能，在遭受车辆撞击时，能通过自身的解体来消耗碰撞能量，达到减轻事故严重度的目的；解体消能结构的设计采取在撞击下弯曲、滑动、断开等解体形式（设施残余不形成障碍），这种设计应使结构在撞击后允许车辆通过。打孔的 U 形扁钢柱、薄弱基础及薄弱横断面是此三种方式的代表。

（1）打孔的 U 形扁钢柱本身强度很低，撞击下马上弯曲变形，对事故车损害很小，在美国等国家广泛用于停车牌等小型标志的立柱，见图 5-6。

图 5-6　弱柱式解体消能结构

(2)滑动基础是开 U 形槽口的法兰盘,在事故车撞击下,连接法兰盘的螺栓与法兰盘在剪力作用下滑离,从而达到解体消能的效果,见图 5-7。

图 5-7　基础滑动式解体消能结构

(3)直接断裂式的解体消能结构一般采用薄弱横截面连接,在撞击下,连接在薄弱横截面处断裂,见图 5-8。

图 5-8　直接断裂式解体消能结构

解体消能设计中,撞击高度、连接螺栓紧固程度、横截面削弱程度、土壤密实度等指标必须缜密考虑,既要考虑所设计的结构能经受风、雪及自重的压力,又能在撞击下解体，且解体后的上部结构和残留基础不能对车辆造成二次伤害。设计完成的结构必须经过实验验证。

国外最常用的解体效能结构包括小型单柱标志、中型双柱标志、紧急电话、公路照明灯杆等。采用解体消能结构设计的标志板面面积一般不大于 $5m^2$。

六、防护设施

路侧障碍物既不能清除，又不能采用解体消能措施时，只能采用路侧防护设施等进行防护。路侧净空区内的防护设施同样是一种路侧障碍物，设置防护设施防护只是为了防止失控车辆驶离行车道与路侧障碍物或其他车辆相撞，降低事故严重度。因此，路侧安全措施应根据事故可能的严重程度、经济估算、环境影响及美观等因素选择。

防护设施包括护栏、防撞垫、车载缓冲装置及各种连接过渡、端头等。

路侧障碍物分为高路堤和固定障碍物两类，因此路侧护栏也分为防高路堤和防固定障碍物两类。根据护栏的刚度不同，又分为柔性、半刚性和刚性护栏，分别以绳索护栏、波形梁护栏和混凝土护栏为代表。路侧护栏的设计包括护栏的选型、布设、结构设计、端头处理和过渡段等，要综合考虑交通量及组成、公路的建筑宽度、填挖方情况、边坡大小、障碍物的种类和距离，还要考虑护栏的防撞性能包括最大变形量、防护高度、成本、养护与隧道、桥梁等结构物的配合以及美学特性。

行人护栏一般由钢管和钢梁及支柱构成。设置目的是保证行人安全，设置在行人多的危险路段，防止车辆驶出行车道，威胁行人安全，或防止行人跌落等。

第二节　路侧安全等级划分

一、国外的研究情况

美国是路侧安全研究开始比较早的国家，开始于 20 世纪 60 年代，其对路侧安全的研究已经积累了大量路侧事故资料。根据 AASHTO（美国各州公路工作者协会）所给出的研究成果，每年大约有 60%的死亡事故为单车事故，对于公路上的事故比例更高。在这些事故中，70%的车离开了行车道，或者翻车，或者撞在（路侧的）固定物体上。1996 年出版的第一版《Roadside Design Guide》，AASHTO 系统总结了多年试验研究结果，对公路路侧安全进行了系统论述，2011 年出版了第四版，为目前美国公路路侧设计的规范性文件。

美国路侧设计指南推荐的路侧事故严重度指数见表 5-2。

表 5-2　美国路侧事故严重度指数

路侧障碍物类型	设计车速(km/h)			
	64	80	96	112
缆索护栏(3 缆式)	2.2	2.5	2.8	3.1
二波形梁护栏	2.4	2.7	3.2	3.5
三波形梁护栏	2.4	2.7	3	3.3
加强二波形梁护栏	2.6	3.1	3.6	4.3
加强三波形梁护栏	2.6	3.1	3.6	4.3
斜坡混凝土护栏	2.3	2.7	3.4	4.3
直墙式护栏	2.6	3.1	3.8	4.5
绳索护栏端部	2.3	2.8	3.5	4.4

续　表

路侧障碍物类型	设计车速(km/h)			
	64	80	96	112
波形梁护栏埋入式端头	2.7	3.2	3.9	4.6
波形梁解体消能式端头	2.7	3.2	3.9	4.6
三波形梁护栏端部	2.9	3.4	4.1	4.8
混凝土护栏长斜坡式端部	2.9	3.4	4.1	4.8
障碍物式	3.8	4.6	5.5	6.5
注水防撞垫	2.3	2.7	3	3.3
能量吸收式防撞垫	2.3	2.7	3	3.3
钢制沙桶	2.3	2.7	3	3.3
塑料制沙桶	2.3	2.7	3	3.3
路堤(边坡 1:10)	0.4	1.1	1.8	2.5
路堤(边坡 1:6)	1.2	1.7	2.6	3.1
路堤(边坡 1:4)	2	2.7	3.6	4.5
路堤(边坡 1:3)	2.2	3.1	4	4.9
路堤(边坡 1:2)	3.4	4.3	5.4	6.8
直径小于 10cm 的树	1.5	1.9	2.3	2.7
直径大于 10cm 的树	3.8	4.6	5.5	6.5
灯柱	3.8	4.6	5.5	6.5
桥墩	3.8	4.6	5.5	6.5
单/双柱标志	3.4	4.2	5.3	6.3
悬臂式/门架式标志	3.8	4.6	5.5	6.5
断裂式解体消能标志	0.8	1.1	1.6	2.1

续　表

路侧障碍物类型	设计车速(km/h)			
	64	80	96	112
弯曲式解体消能标志	1	1.3	1.8	2.3
刚性基础灯柱	3.8	4.6	5.5	6.5
解体消能灯柱	2.2	2.5	2.8	3.1
高度小于 10cm 的基础	0.8	1.4	1.9	2.4
高度 10~25cm 的基础	1.8	2.5	3	3.7
高度大于 25cm 的基础	3.8	4.6	5.5	6.5
缘石(高度小于 15cm)	0.8	1.4	1.9	2.4
缘石(高度 15~25cm)	1.9	2.4	3	3.5
缘石(高度大于 25cm)	2.9	3.4	4.1	4.8
隔离栅	1.6	2.3	2.8	3.1

二、国内的研究情况

国内对路侧安全的研究开展较晚,早期我国的公路交通事故比较少,这和我国的公路密度较低,机动车辆较少有关系。随着我国国民经济的腾飞,公路事业迅速发展,机动车辆保有量增加很快,公路交通事故也随着大幅度增加。国内很多学者在 20 世纪 90 年代开始对路侧安全进行关注,同济大学的景天然、杨家琪翻译了苏联巴布可夫的《公路条件与交通安全》,赵恩棠、刘唏柏在 20 世纪 90 年代末出版了《公路交通安全》,这些著作系统地论述了影响公路交通安全的因素,并进行了分析;交通部西部交通建设科技项目《公路路侧安全等级评估及防护方法研究》,比较早地开展路侧安全系统研究,现在已经取得了阶段性成果。项目通过对低等级双车道公路(二级、三级和四级)的路侧事故规律进行剖析,从事故发生位置、车辆构成、事故形态等方面对路侧事故进行了分析。四川省交通厅于 2003 年立项,开展了“山区路侧危险度划分方法的研究”,提出了路侧危险度的概念和计算方法,进而提出了不同危险度情况下应设置的防护设施类型,这项研究对路侧危险度的划分方法是通过分析路侧地形与事故伤亡数据资料,找出路侧边坡高度、边坡坡度、坡角状态与机动车乘员伤亡之间的关系,提出了用于划分路侧危险度的 HB 值计算方法。

文中对陡崖段坠车事故作了统计,见表 5-3。从表中可以看出边坡高度与乘员伤亡的关系:

①车辆坠崖的死亡率在 40%左右,受伤率大致在 50%以上,伤亡率在 90%以上;

②边坡高度在 10m 以下的死伤率明显低于 10m 以上的死伤率;

③每起事故的死伤人数随着边坡高度的增大而增大,说明高边坡路段更容易造成群死群伤。

表 5-3　陡崖路段坠车事故伤亡人数统计

边坡高度(m)	死亡		受伤		伤亡合计		总人数	事故数	平均死亡人数(人/起)	平均受伤人数(人/起)
	人数	%	人数	%	人数	%				
<10	56	30.3	81	43.8	137	74.1	185	8	7	10.1
10~30	100	37.2	152	56.5	252	93.7	269	10	10	15.2
30~50	110	39.7	162	58.5	272	98.2	277	10	11	16.2
50~100	151	40.5	176	47.2	327	87.7	373	13	11.6	13.5
<100	116	35	183	55.3	299	90.3	331	9	12.9	20.3
合计	533	37.1	754	52.5	1287	89.6	1435	50	10.7	15.1

文中也对车辆落入水中的情况进行了统计(表 5-4)并和坠崖的情况进行了一下对比(表 5-5),车辆落水事故资料主要是坠桥事故,从对比可以看出:

①车辆坠落水中的死亡率大致为 50%，明显高于坠落陆地；

②车辆坠落水中的受伤率大致为 40%，明显低于坠落陆地；

③车辆坠落陆地和水中的死伤率接近，均在 90%左右。

表 5-4　桥梁路段坠车事故伤亡人数统计

桥梁高度(m)	死亡		受伤		伤亡合计		总人数	事故数	平均死亡人数(人/起)	平均受伤人数(人/起)
	人数	%	人数	%	人数	%				
<10	65	48.1	63	46.7	128	94.8	135	5	13	12.6
>10	194	53	138	37.7	332	90.7	366	13	14.9	10.6
合计	259	51.7	201	40.1	460	91.8	501	18	14.4	11.2

表 5-5　车辆落入水中和陆地情况的人员伤亡对比

项目	死亡		受伤		伤亡合计		总人数	事故数	平均死亡人数(人/起)	平均受伤人数(人/起)
	人数	%	人数	%	人数	%				
坠崖	533	37.1	754	52.5	1287	89.6	1435	50	10.7	15.1
坠桥	259	51.7	201	40.1	460	91.8	501	18	14.4	11.2

从以上表列实例可以看出，路侧事故的严重度是不同的，影响因素很多，但主要和路侧的情况有很大关系。根据这些数据，并对路侧其他情况作了一下推论，文章中总结出了用于划分路侧危险度的 HB 值计算方法。计算公式如下：

$$HB = K_1 \times K_2 \times A_1 \times A_2 \tag{5-1}$$

式中：A_1、A_2——分别代表边坡高度和坡度，是表征 HB 值的主体参数；

K_1、K_2——分别代表坡脚状况和重要构造物，表征这两个参数对路侧事故的放大系数。

4 个参数对路侧危险程度的影响大小是不同的，通过对参数取值的调整来实现其对计算结果的影响。参数的取值采用“专家打分法”。危险度参数取值见表 5-6。

表 5-6　危险度参数取值

1. 边坡高度	高度(m)	0~5	5~10	10~30	30~50	>50
	危险度分值(A_1)	1	2	3	4	5
2. 边坡坡度	坡度	<1∶4	1∶2~1∶4	1∶1~1∶2	1∶0.5~1∶1	>1∶0.5
	危险度分值(A_2)	1	2	3	4	5
3. 坡脚状态	坡脚状态	土地	水深<1.5m	乱石、水深1.5~3.5m	水深>3.5m	
	危险度分值(K_1)	1	1.2	2	12	
4. 二次事故	严重程度	无	一般	严重	特别严重	
	危险度分值(K_2)	1	2	3	5	

通过 HB 取值的不同来表征路侧危险度的大小。由上述划分原则将一般公路的路侧危险度划分为 3 个级别,见表 5-7。这种划分方法一定程度上解决了路侧危险度的量化问题,有助于有针对性地进行路侧防护设施的设计。但这种划分方法的 HB 取值差别比较大,各种 HB 值之间并没有一种危险程度的比例关系,只是一种相对危险程度的划分。

表 5-7　危险度级别划分

路侧危险度级别	HB 值	安全防护目标
一度	<3.5	不需要防护
二度	3.5~10.5	一定程度的防护
三度	>10.5	重点防护

三、路侧事故严重度指数划分

目前,仅根据事故资料来预测各种路侧事故严重度还有一定困难。一方面,交通警察部门记录的原始事故资料不够准确和完善,没有记录发生碰撞事故的路侧条件;另一方面,要获得很完整的事故原始数据有时是不可能和不经济的。我们现在的主要研究方法是把现有事故资料进行定性分析,得出某一种路侧危险物事故严重度指数与碰撞条件等的关系,然后根据规范的相关规定,细化路侧安全的分级。得出这个分级系统以后,可以再用以后的事故数据来验证和改进这个划分。

按照可能造成的人员伤亡和事故损失,公安部以及《中华人民共和国公路交通管理条例》对交通事故分为四类,分别为:

轻微事故,是指一次造成轻伤 1 至 2 人,或者财产损失、机动车事故不足 1000 元,非机动车事故不足 200 元的事故。

一般事故,是指一次造成重伤 1 至 2 人,或者轻伤 3 人以上,或者财产损失不足 3 万元的事故。

重大事故,是指一次造成死亡 1 至 2 人,或者重伤 3 人以上 10 人以下,或者财产损失 3 万元以上不足 6 万元的事故。

特大事故,是指一次造成死亡 3 人以上,或者重伤 11 人以上;或者死亡 1 人,同时重伤 8 人以上;或者死亡 2 人,同时重伤 5 人以上;或者财产损失 6 万元以上的事故。

根据美国的事故严重度指数值,结合我国的安全设施设计规范及公安部门对交通事故的划分,我们把路侧危险度按照事故造成的损失、后果分成四种基本的数值:

①路侧事故严重度——低,ASI=2(轻微事故);

②路侧事故严重度——中,ASI=3(一般事故或重大事故);

③路侧事故严重度——高,ASI=4(单车特大事故或二次重大事故);

④路侧事故严重度——特高，ASI＝5（二次特大事故）。

同时，把路侧出现的情况按照出现的次数，每种危险情况给以 ASI＝0.1 的分值相加，即：路侧危险度指数 ASI＝路侧危险度指数基本值+0.1×路侧危险情况数目。

路侧净空区内无任何障碍物，车辆能安全返回的路段，路侧事故严重度指数定为 ASI＝1。

根据此原则，可把规范中的相关路侧类型给以设定的路侧危险度指数，如下：

（1）车辆驶出路外只是造成轻微事故的路段（路侧危险度指数基本值＝2，每个因素增加 0.1 的指数值）：

①路侧净空区内的有高度小于 15cm 的缘石及基础、直径小于 10cm 的树木；

②路侧净空区内的有波形梁护栏防护的障碍物；

③路侧净空区内的有解体消能标志柱、灯柱等结构的路段；

④其他情况。

（2）车辆驶出路外有可能造成一般或重大事故的路段（路侧危险度指数基本值＝3，每个因素增加 0.1 的指数值）：

①公路路侧安全净区内设有车辆不能安全穿越的照明灯、摄像机、可变信息标志、交通标志、路堑支撑壁、隔音墙、上跨桥梁的桥墩或桥台等设施的路段；

②在公路用地范围内存在粗糙的石方开挖断面、高出路面 30cm 以上的混凝土基础、挡土墙或大孤石等障碍物时；

③公路互通式立体交叉出口匝道的三角地带及匝道小半径圆曲线外侧；

④其他情况。

（3）车辆驶出路外有可能造成单车特大事故或二次重大事故的路段（路侧危险度指数基本值＝4，每个因素增加 0.1 的指数值）：

①路侧有悬崖、深谷、深沟等的路段；

②路侧有江、河、湖、海、沼泽、航道等水域的路段；

③跨二级公路的路段；

④与公路并行，路侧有房屋、输电线塔、危险品储藏仓库等。

(4)车辆驶出路外有可能造成二次特大事故的路段(路侧危险度指数基本值=5，每个因素增加0.1的指数值)：

①公路上跨筒速铁路的路段；

②公路、一级公路上跨公路、一级公路的路段；

③其他情况。

以上事故严重度指数应用举例说明如下：

如果路侧情况属于第三类，公路路侧边坡坡度为1∶1.5，路堤高度为10m，上跨一级公路，则此路段的事故严重度指数为ASI=3+0.1+0.1=3.2。

公路等级、设计车速也是影响事故严重度的因素，为简化计算，给以一个调整系数K。我们以双向四车道公路为标准，设计车速100km/h，具有这些指标的公路，其调整系数为标准值($K=1$)，其他等级公路根据设计车速考虑后的调整系数见表5-8。

表5-8　事故严重度指数调整系数

路别	公路			一级公路			二、三、四级公路		
设计车速(km/h)	120	100	80	100	80	60	80	60	40
K	1.2	1.2	1	1	0.8	0.8	0.8	0.7	0.7

第三节　防护设施的无缝设计

公路安全防护设施是由中央分隔带一般段护栏、中央分隔带开口处活动护栏、路侧一般段护栏、护栏端头、不同形式护栏之间的过渡段护栏等组成的一个系统。任何一个组成部分防护能力达不到要求，都会留下安全的隐患。安全防护设施“无缝”设计技术就是将整条公路的安全防护设施作为一个整体进行考虑,以统一的安全防护标准设计、设置安全防护系统的各组成部分,使安全防护设施各组成部分保持防护性能的无缝连接。

事故案例显示,护栏端头、过渡段等特殊点段处理不当,往往成为重大的事故隐患。美国、日本等应用护栏时间较长的国家,非常注重护栏特殊点段的安全性问题,甚至超过对护栏一般段的重视程度,其护栏安全性能评价标准中对护栏特殊点段安全性能评价方法进行了详细的规定。我国应用公路护栏的时间较短,对特殊护栏点段安全问题严重性的认识需要一个过程,所以在现行标准中未包含护栏端头、过渡段等特殊点段安全防护设施结构及性能评价方法方面的内容,护栏实际应用中对这些特殊点段安全问题考虑不够。

第四节　路侧护栏

路侧护栏主要用以防止失控车辆越出路外或碰撞路侧构造物和其他设施。决定是否设置路侧护栏的关键因素是路堤高度和边坡坡度。路侧护栏防撞等级的选取则需综合考虑以下因素:车辆驶出路外可能造成的交通事故等级、路侧安全等级、路堤高度、公路线形、交通量以及车辆构成。下面结合广东公路的具体情况,逐一分析各个因素,并提出具体的路侧护栏防护标准与设置方案。

一、选取路侧护栏防撞等级需考虑的因素

(1)可能造成的交通事故等级

参照《公路交通安全设施设置规范》(JTG D81—2006),根据车辆驶出路外有可能造成的交通事故等级来选取路侧护栏的防撞等级,对于公路的要求如表5-9所示。

表 5-9　公路路侧护栏防撞等级的适用条件

公路等级	设计速度（km/h）	车辆驶出路外有可能造成的交通事故等级		
		一般事故或重大事故	单车特大事故或二次重大事故	二次特大事故
公路	120	A	SB	SS
	100、80			SA

规范还规定，因公路线形、运行速度、填土高度、交通量和车辆构成等因素易造成更严重碰撞后果的路段，应在表 5-9 的基础上提高护栏的防撞等级。

（2）路侧安全等级

在交通部西部交通建设科技项目“公路路侧安全评估及防护方法”的研究成果中，将路侧安全等级划分为 4 级，级别越高表示路侧安全水平越低。

①路侧安全等级Ⅰ级。路侧有较充足的净区宽度，净区宽度一般能达到 4m 以上，净区内基本无危险物，边坡坡度缓于 1∶3，车辆驶出后可以自行驶回公路，发生碰撞事故和翻车事故的可能性很小，不需要设置护栏。

②路侧安全等级Ⅱ级。路侧净区宽度较小，净区宽度通常不超过 3m，路侧存在少量、零散障碍物，如树木、标志杆柱，距离行车道外边缘较近范围内也可能存在边沟、挡墙、岩壁等连续的危险物，边坡坡度陡于 1∶3，车辆驶出后不能自行驶回公路，冲出路外车辆一般能够得到有效控制，与障碍物碰撞的可能性较小，发生翻车事故的概率也不大，一般可以不设置护栏。结合历史路侧事故记录，对于公路而言，在危险点段可考虑设置 A 级护栏。

③路侧安全等级Ⅲ级。路侧净区宽度较小，通常最大不超过 1.5m，路侧深度达到 3m 以上，或者距离行车道外边缘很近的范围内存在宽大边沟、房屋、坚硬岩壁等，车辆驶出路外后能导致伤亡事故，驶入边沟极易导致翻车事故，从路侧防护的角度，对于公路应设置 A 级护栏。

④路侧安全等级Ⅳ级。路侧净区宽度通常小于 1.0m，路侧地形条件多为

陡崖、深沟、高度大于 4m 的填方边坡或路肩挡墙，或者距离行车道外边缘很近的范围内有河流、湖泊、铁路线，车辆驶出路外后，易导致重大、特大事故，应设置防撞等级不低于 A 级的护栏，与铁路线相邻应考虑设置 SB 级护栏。

(3)路堤高度

路堤高度是确定填方路段路侧护栏防撞等级的关键因素之一。借鉴美国 NCHRP 638 号报告《护栏设置指南》中的规定，结合我国以往公路护栏应用经验可以确定：路堤高度小于 4m 时路侧危险程度为“一般”；路堤高度大于 4m 小于 8m 时路侧危险程度为“中等严重”；路堤高度大于 8m 时路侧危险程度为“严重”。对于路堤高度在 8m 以下的公路填方路段，应设置防撞等级不低于 A 级的路侧护栏。路堤高度大于 8m 时应提高路侧护栏的防撞等级至不低于 SB 级。

(4)公路线形

从国内多条公路路侧交通事故情况的分析总结可知，长下坡路段和曲线半径较小的匝道路段发生路侧事故的比例较高。对于长下坡路段，应提高路侧护栏的防撞等级，以提高 1~2 级为宜；对于曲线半径较小的匝道路段，宜加密路侧护栏立柱间距。

(5)交通量

交通量对护栏设置原则的影响，主要通过经济性分析确定，关键指标是设置护栏的收益—成本比值，也就是指设置护栏后避免发生交通事故而减小的经济损失与设置护栏所花费的成本之比。由于我国基础数据积累的不足，尚不具备条件采用收益—成本比方法确定护栏的防撞等级，但可以确定的一个基本原则是：山区公路应当尽可能在必要的路段设置护栏。

(6)车辆构成

车辆是路侧护栏的防护对象，路侧护栏防撞等级是根据车辆质量、碰撞速度、碰撞角度和碰撞能量所构成的碰撞条件来划分的，因此车辆的构成是决定路侧护栏防撞等级选取的重要因素。当大型车辆(包括大客车和货车)占据的比重较大时，需考虑提高护栏的防撞等级。

二、路侧护栏防撞等级的选取步骤

综合考虑上述因素,选取路侧护栏防撞等级的实施步骤如下:

(1)收集公路平纵面线形、填挖方数据及运营车辆构成、交通量、运行速度和设计速度等数据;

(2)收集或调研公路两侧安全净区内的各种障碍物分布情况及与其他公路、铁路等交叉的资料;

(3)进行路侧安全等级评估,确定是否设置护栏,结合设计速度和可能造成的交通事故等级,确定护栏的最低防撞等级;

(4)依次考虑路堤高度、公路线形、交通量以及车辆构成,确定需要提高护栏防撞等级的路段和提高的级别;

(5)确定各路段的路侧护栏防撞等级。

第五节　中央分隔带护栏

中央分隔带护栏是为了防止车辆越过中央分隔带闯入对向车道而设置的。根据《公路交通安全设施设置规范》(JTG D81—2006),中央分隔带护栏防撞等级分为 Am、SBm、SAm 三级。决定是否设置路侧护栏的关键因素是中央分隔带宽度,《公路交通安全设施设置规范》中规定:当整体式断面中间带宽度小于或等于 12m 时,必须设置中央分隔带护栏;大于 12m 时,应分路段确定是否设置中央分隔带护栏。

中央分隔带护栏防撞等级的选取需综合考虑以下因素:车辆越过中央分隔带可能造成的交通事故等级、公路线形、交通量以及车辆构成。

一、选取中央分隔带护栏防撞等级需考虑的因素

（1）可能造成的交通事故等级

参照《公路交通安全设施设置规范》（JTG D81—2006），根据车辆驶入对向车道有可能造成的交通事故等级来选取中央分隔带护栏的防撞等级，对于公路的要求如表5-10所示。

规范还规定，因公路线形、运行速度、交通量和车辆构成等因素易造成更严重碰撞后果的路段，应在表5-10的基础上提高护栏的防撞等级。

表5-10　公路中央分隔带护栏防撞等级的适用条件

公路等级	设计速度（km/h）	车辆驶出路外有可能造成的交通事故等级		
		一般事故或重大事故	单车特大事故或二次重大事故	二次特大事故
公路	120	Am	SBm	SAm
	100、80			

（2）交通量和车辆构成

车辆是路侧护栏的防护对象，路侧护栏防撞等级是根据车辆质量、碰撞速度、碰撞角度和碰撞能量所构成的碰撞条件来划分的，因此车辆的构成是决定路侧护栏防撞等级的重要因素，当大型车辆（包括大客车和货车）占据的比重较大时，需考虑提高护栏的防撞等级。

二、山区公路中央分隔带护栏形式比选

常用的公路中央分隔带护栏有波形梁钢护栏和水泥混凝土护栏两种形式。本节综合山区公路的需求特点，进行波形梁钢护栏与混凝土护栏的性能对比，主要从防撞性能、经济性能、维修与养护、防眩与绿化、管线配合及景观等几方

面进行比较。

(1)安全防撞性能

波形梁钢护栏是一种半刚性护栏,车辆碰撞护栏时,依靠护栏立柱的变形、护栏板波形的打开及护栏板拉伸变形吸收碰撞能量。按照标准规定,两波形梁钢护栏最大横向位移为100cm,三波形梁钢护栏最大横向位移为75cm,一般要求中央分隔带宽度不小于3m。由于波形梁钢护栏的横向变形缓冲作用,碰撞车辆及驾乘人员所受的损伤都较小。尤其是对于小型车辆的碰撞,保护作用尤其明显。波形梁护栏安全防撞性能还有一个显著的优点,当车辆碰撞角度较大时,如8车道公路可能发生大于20°角的碰撞事故,波形梁护栏的吸能作用仍然非常明显,可以降低车辆及人员严重损伤的可能性。波形梁护栏安全防护性能方面的缺点是在大型车辆高速大角度碰撞条件下,不能完全避免穿越中央分隔带事故的发生。

混凝土护栏是一种刚性护栏,车辆碰撞护栏时主要依靠车辆的抬高和变形吸收碰撞能量,护栏最大横向变形一般小于10cm,可用于较窄的中央分隔带。混凝土护栏自身刚性较强,小型车辆碰撞时车辆及人员损伤较为严重,但对于大型车辆的碰撞,良好设计的混凝土护栏基本能够保证不出现穿越中央分隔带的事故。对于大角度、高速度的碰撞,车辆撞击护栏后会产生一定程度的腾空,有时甚至会撞到护栏的顶部,护栏上面安装的固定物如照明设施的支撑结构等可能阻碍车辆或与护栏分离后飞到对向车道,但通过护栏上部结构的特殊设计,能够限制车辆攀爬护栏。当重心较高的车辆碰撞护栏时,由于车辆的爬升作用,可能导致车辆运行失稳而倾覆,货箱上部将与护栏上部甚至后面的固定物发生碰撞,这种现象可以通过提高护栏高度得到一定程度的缓解。

两种护栏在实际应用中的安全效果对比,我国尚无研究成果。据美国及欧洲的研究结果,实际应用中波形梁中央分隔带护栏发生车辆穿越中央分隔带事故的概率为2%,而混凝土中央分隔带护栏的概率为0.3%;事故中车辆及人员损伤严重程度方面,混凝土护栏是波形梁护栏的1.9倍;交通事故总体伤亡率方面,波形梁中央分隔带护栏与混凝土中央分隔带护栏基本相当。

由以上分析,波形梁钢护栏与混凝土护栏的安全防撞性能各有优缺点,可以评定为基本相当,经过良好设计的护栏系统,都能够起到良好的防护效果。

(2)经济性

护栏应用的经济性应当从社会成本的角度进行全寿命的分析,即不但要考虑护栏的初期建设费用,还要考虑后期使用中可能发生的费用。

(3)维修与养护

依据我国中央分隔带护栏的应用经验,波形梁钢护栏维修养护操作较为方便,但维修养护施工将对交通流运行产生较大的影响,尤其是在大交通量环境中,可能因维修养护施工带来交通堵塞。混凝土护栏基本不需维修养护,也不会对交通流运行产生影响,从这一方面评价,混凝土护栏优于波形梁钢护栏。

(4)防眩与绿化

波形梁中央分隔带护栏的防眩与绿化均较易进行,中央分隔带内植被所需的额外养护费用较少。混凝土护栏的防眩较易实现,绿化则需要对护栏结构进行特殊的设计,而且即使能够绿化,安装混凝土护栏的中央分隔带绿化效果也不理想,植被成活及效果都存在问题,并且在混凝土护栏内栽植的中央分隔带绿化植被需要较多的养护,会产生一定的额外植被养护费用。从这一方面评价,波形梁护栏性能明显优于混凝土护栏。

(5)管线配合

掌握好施工工序、注意防水保护等细节的基础上,波形梁中央分隔带护栏一般不会对管线的设置产生太大的影响,通信管线检修口尺寸足够,管线穿设、检修施工也较为方便。

安装混凝土中央分隔带护栏时,通信管线可以直接明敷在混凝土护栏内,节省一部分管线铺设的工程量,但这种处置方法管线防盗无法得到保障,一般不建议采用。如采用管线埋入地下的铺设方法,管线布设则较为困难,易产生交叉施工,增加施工的难度,同时通信管线检修口必须结合护栏结构和中央分隔带尺寸进行专门的设计，管线穿设、检修施工也有不便。

管线配合方面，波形梁钢护栏优于混凝土护栏。

(6)景观协调性及其他

波形梁护栏的景观协调性较好，而我国传统的混凝土护栏景观协调性较差。国外的研究表明，进行专门的景观设计、严格控制混凝土施工质量时，混凝土护栏也可以获得较好的景观效果。

波形梁护栏具有一定的通透性，不会对驾驶员形成压迫感。但混凝土护栏的压迫感较强，这一方面对内侧车道的通行能力产生影响，另一方面也可能降低车辆碰撞中央分隔带护栏的概率。

波形梁护栏安装施工较为方便，施工速度也较快，而现浇型混凝土护栏的施工速度较慢，施工后需要进行一定时间的养生维护。

综合上述分析，在示例高速应用环境下，波形梁中央分隔带护栏与混凝土中央分隔带护栏性能对比如表5-11。

表5-11　广东高速波形梁中央分隔带护栏与混凝土中央分隔带护栏性能对比

性能	波形梁护栏	混凝土护栏	两者对比
安全防护新能	优	优	相当
全寿命经济性	一般	优	混凝土护栏优势明显
维修与养护	一般	优	混凝土护栏优势明显
防眩与绿化	优	一般	波形梁护栏占优势
管线配合	优	一般	波形梁护栏优势明显
景观协调性	良好	一般	基本相当

由上述对比，考虑示例公路的实际特点，推荐中央分隔带护栏采用混凝土护栏。

第六节　中央分隔带开口处活动护栏

一、中央分隔带活动护栏使用现状

公路的对向交通在正常情况下是完全隔离的，为方便特种车辆（如交通事故处理车辆、急救车辆）在紧急情况下到反方向车道行驶，或一侧公路施工封闭时车辆可临时进入反方向车道通行，《公路路线设计规范》（JTG D20—2006）规定："公路应设置中央分隔带开口，最小间距应不小于 2km，在中央分隔带开口处应设置活动护栏。"中央分隔带活动护栏必须同时具备两方面的使用功能：第一，在正常情况下活动护栏应具有一定的隔离和防撞性能，防止车辆闯入对向车道，并且其防撞等级不应低于中央分隔带护栏；第二，在公路临时开放时，活动护栏应能快速、灵活地移动。

目前我国公路常见的中央分隔带活动护栏形式有插拔式、伸缩式和充填式三种（图 5-9）。

a)插拔式活动护栏　　b)伸缩式活动护栏

c)充填式活动护栏

图 5-9　常见活动护栏形式

其中插拔式和伸缩式活动护栏能够方便、灵活地移动，但只具有隔离作用，防撞能力低下，并且伸缩式活动护栏在车辆碰撞下极易破碎，产生大量飞溅物，容易引发二次事故。充填式护栏在充填细砂或水之后具有较大的自重，开启移动不方便。上述活动护栏均不同程度地存在安全隐患，防撞能力的不足导致车辆碰撞后发生穿越活动护栏的恶性事故，对车辆和乘员造成严重伤害。

通过计算机模拟碰撞试验，以 A 级碰撞条件（10t 货车、60km/h 碰撞速度、20°碰撞角）对插拔式和伸缩式活动护栏防撞效果进行检验的结果表明，这两种活动护栏均达不到 A 级的防撞能力。根据已有交通事故实例，活动护栏防撞能力不足，车辆碰撞后可能导致穿越中央分隔带的交通事故，影响对向车道的正常通行，并极易引发二次事故，如图 5-10 所示。

图 5-10　中央分隔带开口处交通事故

二、中央分隔带活动护栏防撞等级

活动护栏是中央分隔带防护设施的一部分，在不开启的情况下，应实现的防撞功能与中央分隔带护栏完全一致，包括：

（1）阻止失控车辆穿越中央分隔带闯入对向车道；

（2）具有良好的导向性能，碰撞后应能将车辆正确导向至正常的行驶方向；

（3）发生碰撞时应能保证车内乘员的生命安全。

活动护栏的防撞等级应与其设置位置相邻的中央分隔带护栏协调一致,不应出现局部的突变,保证中央分隔带护栏防护功能的连续性。

三、新型中央分隔带活动护栏

介绍一种国内新开发的组合型波形板活动式钢护栏,在满足 Am 级防护能力的基础上,可实现“移动灵活、开启方便”的功能。

(1)活动护栏结构。组合型波形板活动式钢护栏高度为 81cm,单元段长度为 2m,单元段之间相互连接形成整体。单元段由防护导向结构、支撑结构和连接结构三部分组合构成。防护导向结构可拦挡碰撞车辆,并具有引导车辆回到正确行驶方向的作用;支撑结构加强活动护栏的横向连接,并通过竖向立柱将单元段固定于地面,控制碰撞后活动护栏的最大变形量在安全的范围之内;连接结构包括单元段之间的约束连接以及活动护栏端部与中央分隔带护栏的过渡连接。活动护栏的结构如图 5-11 所示。

图 5-11　组合型波形板活动式钢护架

(2)模拟碰撞试验、实车碰撞试验。按照 Am 级护栏的碰撞试验条件,分别针对小客车和大客车模拟计算“车辆—护栏”的碰撞过程,并通过实车碰撞试验对计算结果进行了验证,见图 5-12。

a)试验小客车

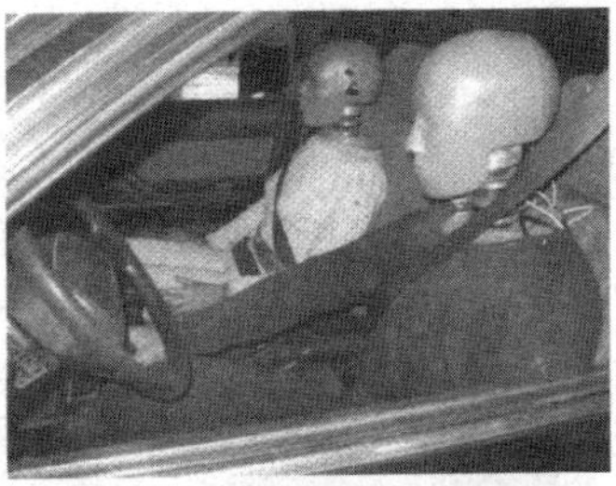

b)试验假人

c)试验大客车

d)活动护栏试验段

图 5-12　实车碰撞试验车辆、假人及活动护栏

小客车碰撞活动护栏的模拟仿真计算和实车碰撞试验结果均表明：活动护栏对小客车具有良好的防护能力和导向作用，小客车与活动护栏发生碰撞后未出现穿越、翻越、骑跨或下穿活动护栏的情况，碰撞后车辆能够保持正常的行驶姿态。实车碰撞试验结果：小客车的重心处三向加速度 10ms 间隔平均值的最大值为 18.82g，驶出角度为 9.2°，活动护栏的最大动态变形量为 480mm，试验假人的头部、胸部和腿部的安全性能指标均符合相关规范的要求，表明活动护栏对于乘员的安全具有良好的保护作用。模拟仿真计算和实车碰撞试验结果如图 5-13、图 5-14 所示。

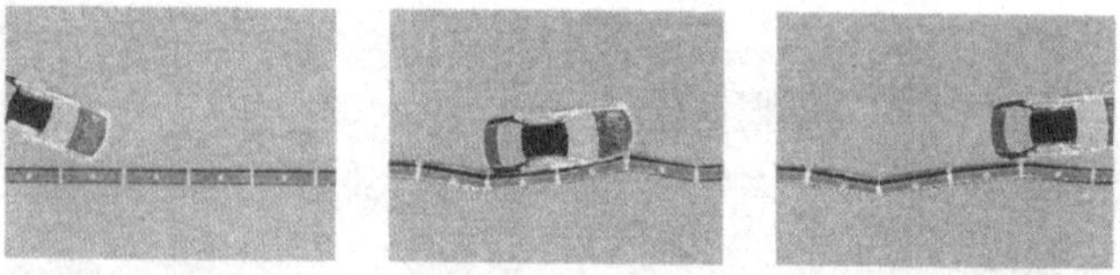

a)计算机模拟仿真

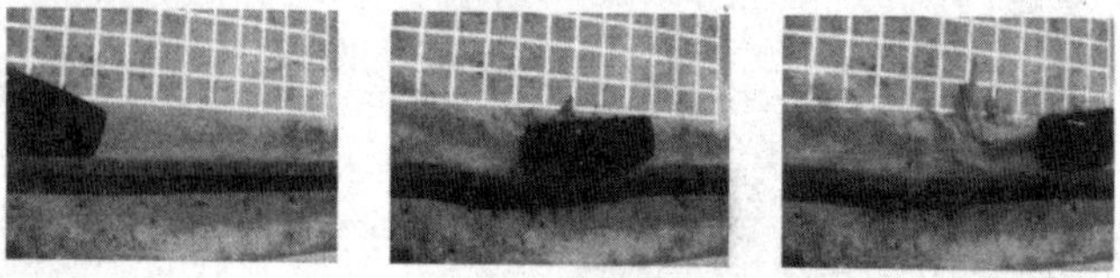

b)实车碰撞试验

图 5-13　小客车运动轨迹

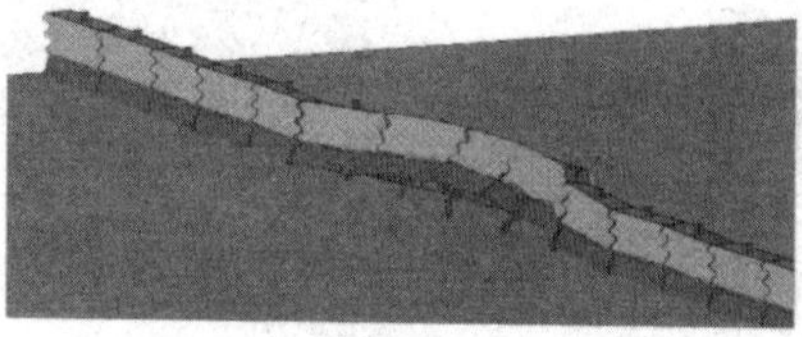

a)计算机模拟仿真

b)实车碰撞试验

图 5-14　小客车碰撞后活动护栏变形

大客车碰撞活动护栏的模拟仿真计算和实车碰撞试验结果均表明:活动护栏对大客车具有良好的防护能力和导向作用,大客车与活动护栏发生碰撞后未出现穿越、翻越、骑跨或下穿活动护栏的情况,碰撞后车辆能够保持正常的行驶姿态,未发生横转或掉头的现象。大客车实车碰撞试验结果:驶出角度为 5.4°,活动护栏的最大动态变形量为 560mm,均符合相关规范的要求。模拟仿真计算和实车碰撞试验结果如图 5-15、图 5-16 所示。

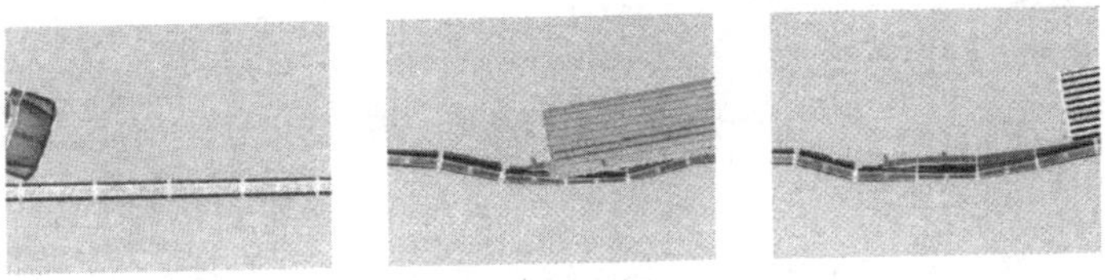

a)计算机模拟仿真

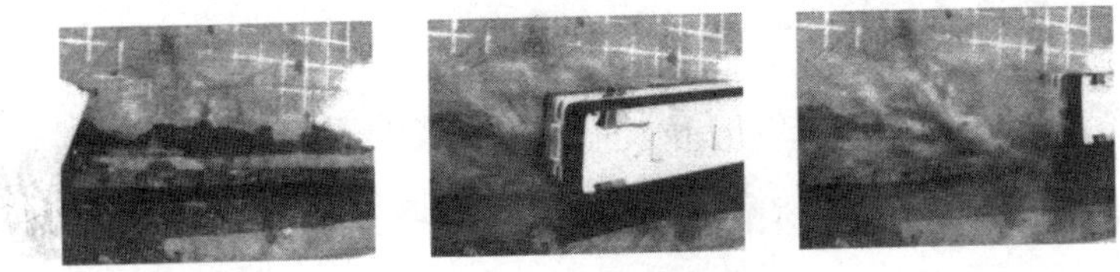

图 5-15　大客车运动轨迹

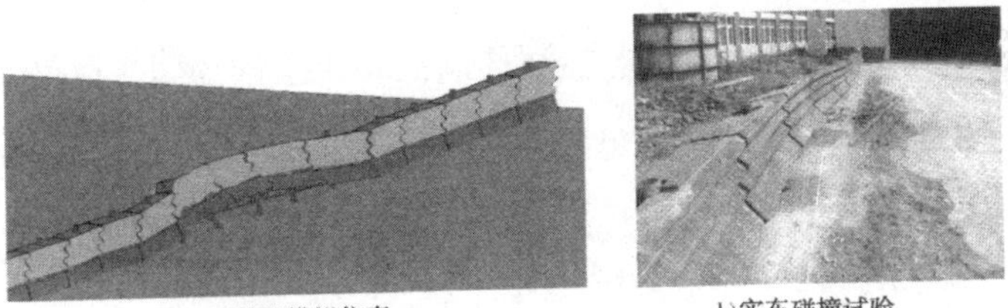

a)计算机模拟仿真　　　　b)实车碰撞试验

图 5-16　大客车碰撞后活动护栏变形

(3)示范应用。组合型波形板活动式钢护栏在某公路得到应用,安装前后对比照片如图 5-17 所示。

图 5-17　活动护栏示范应用前后对比(左:安装前;右:安装后)

第七节　护栏端头

一、护栏端头使用现状

波形梁护栏起始端所设置的端头需进行特殊处理，避免车辆与端头发生正面碰撞时护栏板刺入车体，对乘员造成伤害。目前我国波形梁常用的端头处理方式有两种：外展圆头式和外展地锚式。外展是通过将护栏板及端头以一定的曲率延伸至路侧净区，偏离行车道一定的距离来实现的。外展曲率的大小受到路侧净区的地形条件限制，当路侧净区空间有限时，多采用地锚式端头。地锚式端头通过斜角梁逐渐伸向地面，在端部用混凝土基础锚固。地锚式端头虽能避免波形梁护栏板穿透车厢，但可能发生车辆沿斜面爬升而翻车的事故，见图5-18。

图 5-18　与波形梁护栏端头有关的事故

交通运输部公路科学研究院对外展圆头式和外展地锚式护栏端头进行了实车碰撞试验验证。试验条件：1.5t 小客车，碰撞速度 80km/h，碰撞角度 0°。

车辆碰撞外展圆头式护栏端头后发生掉头甩尾现象，车身损坏严重。车辆碰撞外展地锚式护栏端头后能顺利导向，驶出护栏。试验结果如图 5-19、图 5-20 所示。

a)试验外展圆头式护栏端头

b)实车碰撞过程

图 5-19　外展圆头式护栏墙头

a)试验外展地锚式护栏端头

b)实车碰撞过程

图 5-20　外展地锚式护栏端头实车碰撞试验

由实车碰撞试验结果可知，当护栏端头外展至路侧净区之外时，可对车辆进行安全导向；若外展程度不够，或不进行处理，发生碰撞后可能导致比较严重的后果。

护栏端部位于路侧安全净区内，受地形条件限制不能进行外展处理时，如图 5-21 所示，若发生正面碰撞可能威胁车辆和乘员的安全。

图 5-21　位于路侧净区、未经特殊处置的波形梁护栏端头

针对上述情况，欧、美等国家通常采取设置防撞端头或防撞垫的处理方式。对于柔性和半刚性护栏可设置防撞端头，刚性护栏可设置防撞垫，已有多项成熟的产品得到推广应用，如图 5-22 所示。这些防撞处理措施的作用是使失控车辆得到缓冲、减速并安全停止，或者将其导向至正确的行驶方向。

图 5-22　国外防撞端头、防撞垫的使用示例

二、吸能式波形梁护栏端头

介绍一种吸能式波形梁护栏端头。该端头的特点：事故车辆正面碰撞吸能式护栏端头时，端头端部可以随事故车辆移动，以避免波形梁插入车体或导致

翻车的事故发生。端头端部在移动的过程中,将其后的波形梁板展开并弯曲,以吸收车辆的动能,使其在一定的距离内停车;车辆碰撞到固定波形梁的立柱时,立柱能顺利倒下,防止绊阻车辆。

(1)端头结构。吸能式护栏端头由吸能式装置、锚索约束装置、可解体立柱和支撑杆组成。吸能式装置安装在波形梁护栏板的起始端,车辆正面碰撞护栏端头后,该装置能将波形梁护栏板挤压、展开并弯曲,以吸收碰撞能量。锚索约束装置位于起始端第一根立柱和第二根立柱之间,提供一定的张拉力。波形梁护栏板与垂直于地面的可解体立柱相连,支撑杆位于第一根立柱和第二根立柱之间。吸能式护栏的结构设计如图 5-23 所示。

(2)实车碰撞试验。通过实车碰撞试验对吸能式护栏端头的防护能力进行了验证。实验条件为 1.5t 小轿车,碰撞速度为 100km/h,碰撞角度分别为 0°和 20°,见图 5-24。

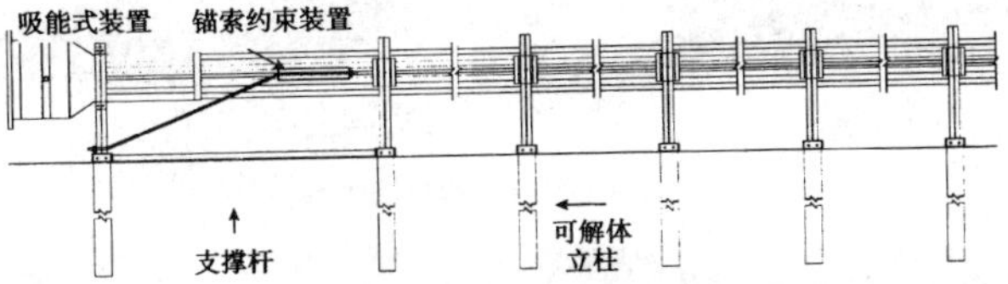

图 5-23　吸能式护栏端头

图 5-24　实车碰撞试验车辆、假人及吸能式护栏端头

经实车碰撞试验验证，在 0°碰撞条件下，波形梁板从吸能式护栏端头出口处展开并弯曲，有效吸收车辆的动能，阻挡试验车辆并使其在可控范围内停止。护栏立柱在可预期的方式下倒伏，试验车辆未发生穿越、翻越、骑跨护栏以及绊阻的现象，见图 5-25 a)。

在 20°碰撞条件下，安装吸能式护栏端头的波形梁护栏段对小客车具有良好的防护能力和导向作用，试验车辆与护栏发生碰撞后能够保持正常的行驶姿态，未发生横转、掉头、翻车等现象，见图 5-25 b)。

小客车具有良好的防护能力和导向作用，试验车辆与护栏发生碰撞后能够保持正常的行驶姿态，未发生横转、掉头、翻车等现象，见图 5-25 b)。

a)0°碰撞后的吸能式护栏端头

b)20°碰撞后的吸能式护栏端头

图 5-25　碰撞后的变形情况

乘员的各项安全性能指标均符合评价标准，表明吸能式护栏端头对于乘员的安全具有良好的保护作用。

(3)示范应用。吸能式护栏端头在某公路得到示范应用。为增强夜间视线诱导和警示作用，端头应设置反光膜，反光等级不低于二级，见图 5-26。

图 5-26　吸能式护栏端头示范应用

三、混凝土护栏端头

混凝土护栏端部的处理形式不多，主要有外展式和斜坡式。外展式的目的是使路侧护栏端部距离行车道更远，需结合端头处的实际地形条件，将端头“隐匿”或“消隐”于路侧山体或挖方边坡中。斜坡式类似于波形梁护栏端头的地锚式，目的在于减少车辆与端头的直接作用面积，通过斜坡时车辆向上爬升从而转移或消耗部分碰撞能量。斜坡式端头也应进行外展处理。

另外，可在混凝土护栏端部前方放置具有缓冲吸能作用的特殊设施，避免车辆与刚性护栏端头直接碰撞，减轻碰撞时车辆的损坏程度，保护乘员安全。

四、三角端和中央分隔带护栏端头防撞垫

在互通区出口匝道三角端和中央分隔带护栏端头，通常需要设置防止偏离行驶轨迹的车辆正面碰撞固定端头的保护装置，使得车辆通过碰撞该类装置，吸收动能并降低车速。目前我国常用的处理方式是在上述危险地带设置防撞桶，通过防撞桶及桶内填充物的运动来转移碰撞车辆的动能，避免车辆与障碍物直接接触。防撞桶的设置数量普遍为 1～3 个，防撞性能较差，碰撞后防撞桶

的运动方向缺乏有效约束,可能对正常行驶的车辆造成影响,见图 5-27。

图 5-27　与防撞桶有关的事故

交通运输部公路科学研究院对三角端设置的 3 个防撞桶进行了实车碰撞试验验证,试验条件:1.5t 小客车,碰撞速度 80km/h,碰撞角度 0°。碰撞后 3 个防撞桶均碎裂,防撞桶碎片呈扇形飞出,沿行车方向飞出最远距离为 16m,见图 5-28。

图 5-28　防撞桶实车碰撞试验

交通运输部公路科学研究院研究开发出一种吸能式三角端防撞垫，可安装在公路或城市快速路出口驶出匝道的三角带端部，或混凝土护栏端头、收费站防撞岛、分离式立交桥墩以及其他路侧障碍物的迎交通流方向的端头。

吸能式三角端防撞垫由波形梁护栏板、支架及后背支撑结构、导轨、端头组成。波形梁护栏板位于吸能式可导向防撞垫两侧，与车辆行驶方向平行；支架通过一定的间隔垂直安装于两侧的波形梁护栏板之间；导轨锚固于路面上，支架可沿导轨滑动；后背支撑位于防撞垫末端，与地面锚固，抵抗车辆的冲击。车辆与吸能式三角端防撞垫的端头正面碰撞，在冲击力作用下，支架沿导轨滑动，

波形梁板收缩和折叠，吸收车辆的碰撞能量，使车辆安全停止。车辆侧面碰撞时，导轨约束防撞垫的横向运动，波形梁护栏板展开变形，吸收碰撞能量，并具有良好的导向作用，可将车辆导向至正确的行驶方向，如图 5-29、图 5-30 所示。

图 5-29　吸能式三角端防撞垫(可导向)

图 5-30　实车碰撞试验车辆、假人及吸能式三角端防撞垫

实验条件为 1.5t 小轿车，碰撞速度为 80km/h，碰撞角度分别为 0°和 20°。

试验结果表明，吸能式三角端防撞垫能够对失控车辆起到良好的保护作用，车辆碰撞吸能式三角端防撞垫后约前行 5m 后停车。

经实车碰撞试验验证，在 0°碰撞条件下，吸能式三角端防撞垫能有效吸收车辆的动能，阻挡试验车辆并使其在可控范围内停止，乘员的各项安全性能指标均符合评价标准。

在 20°碰撞条件下，吸能式三角端防撞垫对小客车具有良好的防护能力和导向作用，试验车辆与护栏发生碰撞后能够保持正常的行驶姿态，未发生横转、掉头、翻车等现象，见图 5-31。

图 5-31　吸能式三角端防撞垫碰撞后的变形情况(左 0°右 20°)

第八节　护栏过渡段

不同形式、不同刚度的护栏之间均应进行过渡处理,以保持护栏的连续性,防止事故车辆在护栏不连续的地方穿过。通过过渡段的设置,还保证了护栏整体刚度的逐渐过渡,避免了大刚度护栏成为路侧障碍物。

图 5-32~图 5-35 为不同刚度护栏之间的过渡示例。图 5-32 为栏索护栏与波形梁护栏之间的过渡,图 5-33 为两波形梁钢护栏三波形梁护栏之间的过渡示例,图 5-34 为双波形梁钢护栏与混凝土护栏之间的过渡示例,图 5-35 为三波形梁钢护栏与混凝土护栏之间的过渡示例。

图 5-32　栏索护栏与双波形梁钢护栏之间的过渡

图 5-33　两波形梁钢护栏三波形梁护栏之间的过渡

图 5-34　双波形梁钢护栏与混凝土护栏之间的过渡

图 5-35　三波形梁钢护栏与混凝土护栏之间的过渡

护栏过渡段不宜太频繁,否则施工复杂,也影响景观。同一种类型的护栏至少设置其要求的最小长度,如两种不同防护等级的护栏过渡,则应选择防护等级较高的护栏,设置达到其最小设置长度。

山区公路护栏过渡段设置应遵循以下原则:

(1)护栏过渡段应保证两护栏系统的防撞等级逐步平稳过渡。

(2)从半刚性护栏过渡到刚性护栏时,应确保过渡段的刚度或强度平稳、持续地增加。刚度的增加可通过减少立柱间距、增加立柱尺寸、增设护栏横梁等方法实现。

(3)护栏过渡段应设置足够的长度,以保证在短距离内不会发生变形量的剧变。一般情况下,过渡段长度可按两护栏系统变形量之差的 10~12 倍设置。

第九节　隧道洞口护栏

隧道进出洞口处由于内、外亮度和横断面宽度不一致，如不加处理，非常容易诱发交通事故，因此路侧护栏应延伸至洞内。图 5-36 为处理示例。

图 5-36　隧道洞口护栏处理示例

隧道口附近通常为事故多发处，进出口的护栏尤其是进口段的护栏应进行特殊处置。如将隧道壁视为刚性混凝土护栏，当隧道进口上游和出口下游设置波形梁护栏时，应在波形梁护栏和刚性护栏(隧道壁)间设置过渡段，防止车辆正面撞向坚硬的隧道壁而发生严重事故。

通常可将波形梁护栏端部延伸至隧道洞内，使护栏与隧道壁之间的距离满足护栏的最大动态变形量，而不是采取刚度渐变或衔接处波形梁护栏与隧道壁搭接的过渡方式，以更有利于护栏防撞性能的发挥。

基于上述考虑，隧道洞口护栏应实现如下防护要求：

(1)半刚性护栏(波形梁护栏)与刚性护栏(隧道壁)间应设置过渡段；

(2)过渡段护栏与隧道壁之间的距离应满足护栏的最大动态变形量；

(3)过渡段护栏应设置足够的长度。

第十节　桥梁段护栏

一、桥梁护栏与路基段的过渡

桥梁护栏是整个路侧护栏系统的一部分，要与路侧护栏作为一个整体考虑，在桥梁护栏与路基护栏衔接的部位应做特殊的连接处理。良好的过渡段处理应该是能实现良好的刚性和线形渐变过渡，保持过渡段良好的传力性能和导向性能。

从国内现状看，桥梁护栏多采用刚性的混凝土护栏，路基护栏多采用半刚性的波形梁钢护栏。在某些公路上，桥梁护栏和路基护栏在桥头是断开的，这样的设计存在着严重的安全隐患。当车辆在桥头失控撞向护栏，由于路基护栏的变形，使得事故车辆正面撞向桥梁混凝土护栏端头，甚至冲出路外。

正确的做法是采用直接搭接的过渡方式，或者在桥头设置翼墙进行过渡，过渡段的路基护栏通过减少立柱间距、增加横梁板的方法增大护栏刚度。路基护栏线形应该调整为和桥梁护栏接顺。直接搭接的过渡方式可参考图 5-37，翼墙过渡方式可参考图 5-38。

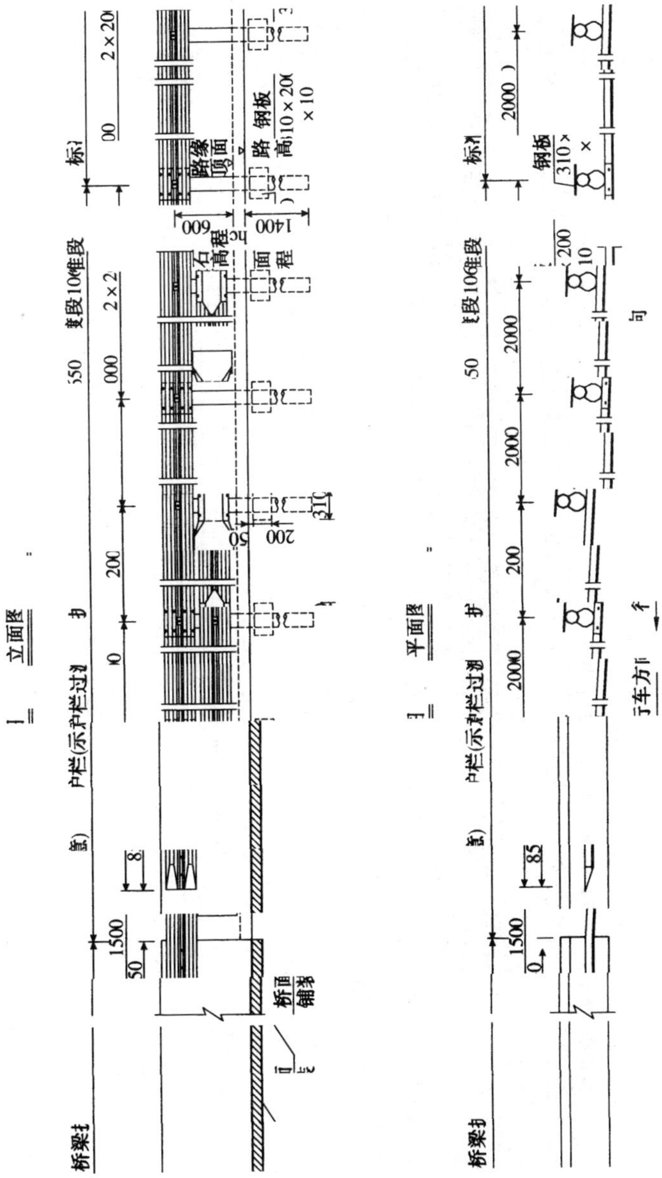

图 5-37　桥梁钢筋混凝土护栏与路基波形梁护栏搭接过渡段(尺寸单位:mm)

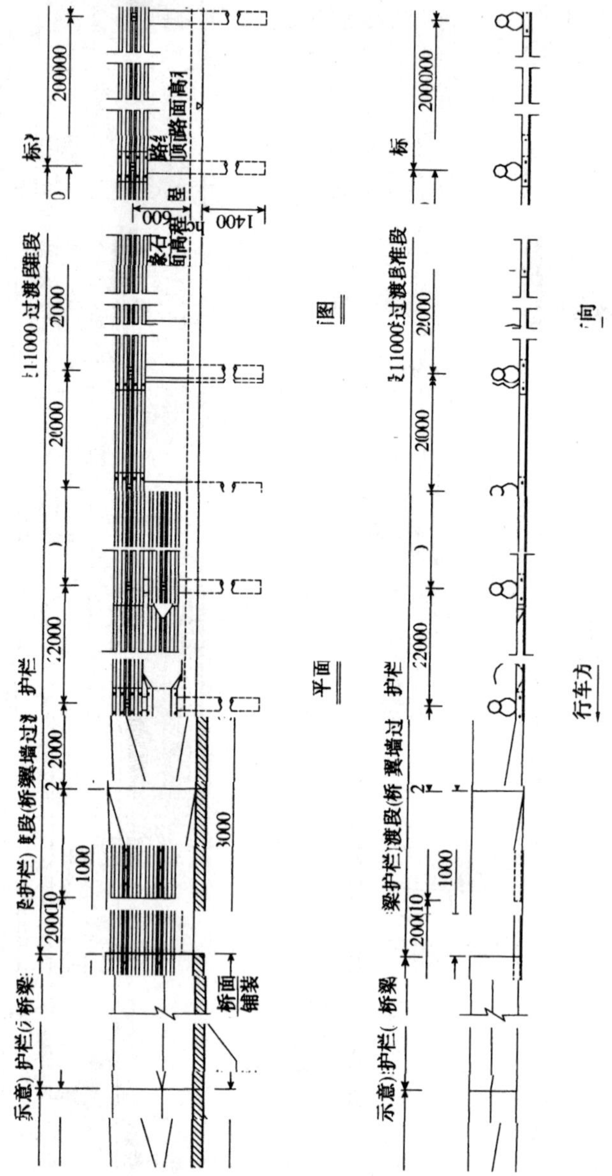

图 5-38　桥梁钢筋混凝土护栏与路基波形梁护栏翼墙过渡段(尺寸单位:mm)

二、桥墩、桥台安全防护

桥墩和桥台都是固定的刚度很大的物体，如果车辆撞到桥墩或桥台上，后果将会很严重。对于上跨公路的天桥，桥墩和桥台应该尽量远离公路，可以设计为在中央分隔带设置桥墩而在路肩不设桥墩的两跨天桥。如果中央分隔带比较窄，推荐采用单跨的桥梁结构。

大跨度的桥梁能够减少对桥墩的依赖，或者使桥墩远离公路以减少事故发生的可能性。从安全的角度出发，应该将中分带和路侧桥墩设置在安全净区之外。这一点对于桥下行驶有重型货车的平曲线路段来说尤为重要。车辆撞上曲线外侧护栏引起的离心力会使货车倾斜或翻越护栏。这样，不仅事故本身很严重，还很有可能导致火灾或者撞坏桥墩。因此，在平曲线外侧的桥墩应该靠后放置，或者给予足够的防护。对于固定跨度的桥梁，改变公路和桥梁的相对位置，即通过减少桥墩与曲线内侧的距离，使得桥墩与曲线外侧的距离增加。

如果无法使中分带或路侧的桥墩位于公路安全净区之外，就必须采用适当形式的护栏进行防护。采用何种类型的护栏主要由护栏的变形性能决定。

当桥墩与路肩的距离大于 1.7m 时，可以采用半刚性护栏，如标准的双波护栏。如果距离等于或小于 1.7m，或者因为公路拓宽导致距离不足，应该对标准的半刚性护栏进行加强，以减小变形挠度。增加刚度的措施有：使用三波行梁板；加密、加厚或加长立柱；使用两块双波梁板；或者综合以上方法。当然，地基应该要有足够的强度，以确保刚度加强的效果。如果护栏后面紧挨着排水沟，土的支撑强度减小，加强措施所起的作用可能会被抵消。

当桥墩与路肩的距离小于 1.1m 时，常采用刚性护栏，一般为混凝土护栏。防护这个位置的桥墩，要充分考虑现场的交通状况，车速的快慢，交通量的大小和车辆的构成比例，在如下方案中进行比选：重建桥梁；建造更高的护栏（通常达到 1.3m）以防止卡车撞击桥墩；或者将护栏往公路内移动，牺牲路肩的宽度来换取护栏与桥墩间足够的距离。

桥台也可能是危险的。如果防护桥墩的护栏不够长,失控的车辆就有可能绕过护栏冲上桥台的斜坡,转向后从后方撞上护栏或桥墩。驶出路外的车辆还可能因驶入未做防护的排水沟而发生危险,或者冲上桥台斜坡后翻车。因此,护栏的布设长度还要考虑到对桥墩后面桥台的防护。

第十一节　路侧隆声带

隆声带也叫振鸣带,主要是给驶出车行道外的驾驶员以振动提醒,以使驾驶员返回行车道,提高行车安全。振鸣带主要有三种形式,分别为路面施工时随摊铺而轧入的,称轧入式(图 5-39);另一种形式是路面形成后铣刨坑槽,称铣刨式(图 5-40);第三种形式为热塑标线式(图 5-41)。

图 5-39　轧入式振鸣带示例

图 5-40　铣刨式振鸣带示例

图 5-41　热塑标线式振鸣带示例

在我国,由于南方雨水多,轧入式和铣刨式振鸣带易积水,建议采用热塑标线式;北方由于气候寒冷,热塑标线易开裂,耐久性差,建议采用轧入式和铣刨式振鸣带。

振鸣带的宽度最好不超过300mm,如路肩小于1.5m,则只可安装热塑标线式振鸣带。

第六章　服务及管理设施设计

第一节　交通标志及标线

一、交通标志

1. 交通标志的设计原则

(1)面向不熟悉路网的使用者。以不熟悉公路及相关路网的用户为对象,将公路沿线信息及时、准确地传达给公路使用者,使其有合理的反应和决策时间。

(2)在路网环境下综合考虑。以路网作为设计对象,首先对路网交通标志做出统筹规划,提出统一的设置标准,然后再根据各路段的实际情况提出有针对性的设计方案,从而保证标志系统在路网环境下一致、合理、有序。

(3)交通标志的设置应注重平衡性、均匀性。既要避免出现标志过于集中、信息过载的情况,又要避免信息不足的情况。从系统性来说,交通标志应为所有驾驶员提供尽可能详尽的信息;但从驾驶员的接受能力来说,交通标志提供的信息应简明、扼要;交通标志的设置应在两者之间加以折中,使提供的信息不得超出一定的范围。

(4)数字化。公路编号(包括国、省、县道编号、公路编号)确定了每条公路的导向特征、定义了公路的地理走向,用于交通标志时,可以减少版面上目的地的指示数目,使版面简化、明晰。公路的出口编号也有效地减少了出口目的地的数目,从而简化出口预告标志的版面。交通标志设置时,应充分利用国、省、县道编号、公路编号、出口编号等数字化信息，结合服务手册、行车路线图等措施，最大限度地提供沿线信息，方便用户使用。

(5)一致性原则。

①一般情况下，标志的设置应遵循一定的顺序。一致性的原则可以保证各类交通标志提供的信息与驾驶人员的预期吻合，图6-1为某公路两个互通之间主要指路标志的设置示例。从图中可以看出：下一出口标志所指地名为出口预告标志中出现的第一个地名，地点、距离标志中所出现的第一个地名为出口预告标志中出现的第二个地名。主线出口匝道三角区处的“出口标志”所指地名与出口预告标志的地名是一致的。

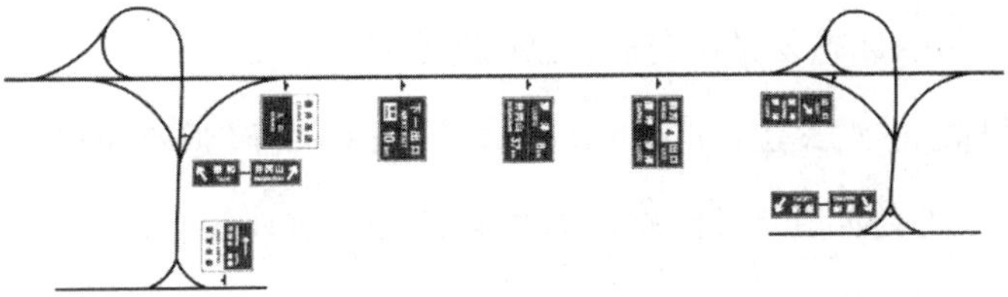

图6-1　标志设置一致性示例

②标志的造型、结构应尽量保持一致，使驾驶员以正常速度行驶时能及时认出并看清。

2. 设置位置

标志设置位置应根据标准、规范的要求，综合考虑驾驶人员的信息接受能力、视距的要求以及车辆的构成灵活确定。交通标志应位于路侧安全净区以外，否则应进行适当防护，以免构成路侧障碍物。

(1)在选择标志设置位置时应确保标志信息的视认性，以便顺利、完整地向交通参与者提供有效信息。

(2)在保证交通标志视认性的前提下，考虑交通标志位置的准确性。

①警告标志到危险点(段)的距离应满足停车视距的要求。图6-2中的警告标志，提醒驾驶人员将进入纵坡达8%的路段，应低挡驾驶，这对容易发生严

重交通事故的路段至关重要。

图 6-2　警告标志到危险点的距离

②禁令、指示标志设置在交通管制的起点位置。

③指路标志的设置位置应灵活应用现行国家标准《道路交通标志和标线》(GB5768),以使交通参与者能够清楚地辨认交通流向为目的。如在交叉路口前存在与导向不相关的岔路,则应将预告标志设置在主要交叉路口的近处。对公路来说,当按规范要求设置的交通标志之间的间距<3km 时,设置地点的偏差为±50m,间距在 3~5km 时,偏差为±250m。

(3)交通标志在公路的纵向和横向位置均要高度醒目,并与沿线其他设施和环境相和谐,注意不要互相遮挡,使交通标志失去应有的作用(图 6-3)。对计算确定的标志设置位置应进行视认性检查,看有无遮挡标志的障碍物,最后确定标志的设置位置。

图 6-3　交通标志被遮挡示例

3. 版面设计

标志版面设计的主要内容包括比例与尺度、材料、色彩与采光，图形与文字等。在进行设计时，从人机工程学原理出发，考虑驾驶员的视觉特性、认知特性和反应过程，综合考虑各设计要素。

(1)显著性。交通标志、监控信息提供设备应在其背景下很容易被发现。其尺寸、亮度、字体粗细、轮廓清晰度、与背景的对比度等均将影响其显著性。图 6-4 为节能环保的太阳能发光标志，可以增加标志夜间的视认性。

图 6-4　太阳能标志

(2)简洁性。当驾驶员依据所获取的信息做出的决策过多时，他们有可能会忽视一些对安全操作非常重要的信息，因此要保证版面图画或文字所传达的信息简洁明了。

图 6-5 为某公路方向、地点标志和地点距离标志提供的信息过多的实例。

图 6-5　交通标志信息过载示例

(3)易理解性。交通标志、监控设备所表达、提供的信息一定要能很快被公路使用者理解。需要注意的是,一些抽象的符号并不容易被理解。

图 6-6 通过简单鲜明的图画规定了下雨天和正常天气的限速值,起到可变限速标志的作用。

图 6-6　静态可变信息标志示例

(4)可信性。标志所传达的信息一定要真实可靠,与公路使用者有关,应严格遵守国家标准的规定或者通过有关部门的认可。

(5)定位性。交通标志所传达的信息应有助于车辆的长短途定位,明确导向关系。

(6)生动性。交通标志设计应激发接受者的联想、想象和情感体验,给予驾驶员以交通教育,从而影响其交通行为,有助于交通安全。图 6-7 是在长下坡加弯道前以铁达尼号撞冰山的图画来提醒驾驶员注意。图 6-8 通过漫画形象生动地提示驾驶员系好安全带。

图 6-7　弯道警告图画

图 6-8　漫画式标志示例

4. 支撑结构的设计

支撑结构的设计要遵循功能与形式相结合的原则,设计中主要需要考虑的因素有：

(1)公路所在地区。如交通标志处于沿海地区、内陆平原地区还是山岭重丘地区，位置不同，风速差异很大，如无调查资料，可按《全国基本风压分布图》选取。

(2)标志具体设置位置。

①处于桥梁段的标志结构应采用与桥梁结构相同的设计风速值，落地式标志应考虑风压高度系数和风振系数；

②位于路侧安全净区内的小的交通标志，应设计成解体消能形式(图 6-9、图 6-10)；

图 6-9　解体消能式交通标志

图 6-10　解体消能式交通标志结构

③根据标志的具体设置位置灵活设计标志结构形式(图 6-11、图 6-12)。

图 6-11　附在桥塔上

图 6-12　附在广告牌主柱上

(3)交通标志的支撑方式应根据该处的公路条件(车道数、通视条件)、交通量、交通构成(大货车比例)及所传达信息的重要程度来确定。

①大型悬臂式和门架式标志能支撑较大的标志板，在多车道、大型车辆比例比较高的情况下有较好的视认性，但也最昂贵，如所在位置附近有跨线桥，可

考虑采用附着式。

②路侧柱式结构相对简单，较经济，适用于小型标志，造价也最低，适用于车道数不多的路段和大型车辆较少的交通状况。对于重要的路侧标志，为了避免车辆的遮挡，还可以采用双侧设置的方式，使交通标志醒目，如图 6-13 所示。

③如中央分隔带不具备设置条件，可考虑设置路面标记，路面标记字数较多时，文字顺序应当与行车方向一致，符合人的认读习惯，如图 6-14 所示。

图 6-13　路侧柱式标志

图 6-14　路面标志

④门架式、悬臂式标志发生倾覆、倒塌事件将对行车产生重大影响，因此应适当提高设计等级。

(4)美学、景观因素。在满足功能要求和视认性条件后，标志结构各构件的构成比例应进行美学方案比选，整体结构应与公路宽度和周边景观相和谐。

二、交通标线

交通标线由施画于路面上的各种线条、箭头、文字、立面标记、凸起路标和轮廓标等组成。其作用是管制和引导交通，既可与交通标志配合使用，也可单独使用。

公路应全线施画反光交通标线。互通立交出入口、隧道入口、平交路口等处均应施画渠化标线，如出入口标线、导流线、斑马线等，使车辆能各行其道。如条件具备，可配合设置一些弹塑性好的物理隔离设施。图 6-15 为位于公路主线与入口端的三角带处的隔离设施。通过入口标线与弹塑性诱导标的使用，有效地保障了主线的畅通,更好地达到交通畅通和安全的目的。

图 6-15　物理隔离

交通标线与交通标志可以互相补充,其所表达的内容应无冲突。

在选用标线材料时,不应仅强调施工后标线的外观,如表面是否平整、边缘是否整齐等,因为标线的内在性能如逆反射值、防滑值、抗污性能、标线的环保性能(VOC、重金属含量)、与路面的附着力、标线的性价比等才是最为重要的。到目前为止,标线种类已经非常多,包括溶剂型、热熔型、双组分、水性、树脂防滑型、预成型标线带等,每种标线涂料的特性都较为突出,适用于不同的场合,应根据不同的地区、不同的路面、不同的标线类别、养护维修的便利性等选用不同的标线材料。

(1)公路的车行道边缘线、斑马线等处可采用热溶喷涂型(涂层厚度0.7~1.0mm),能满足反光要求,且性价比最高。

(2)公路的车行道分界线可采用耐久性标线涂料,如热溶刮涂型(涂层厚度1.5~2.0mm)。

(3)公路事故多发路段可采用防滑型涂料和热熔突起型涂料(图 6-16)。

图 6-16　热熔凸起型标线

(4)水泥路面可采用热熔喷涂型涂料,以提高性价比。

(5)双组分涂料是近几年研制出来的一种标线涂料。采用双组分涂料施画的标线使用性能满意率高,这种标线反光性能优良,使用寿命最长,缺点是价格偏高、施工要求严格。

(6)对环保要求高的公路,水性涂料将是最佳选择,同时该种标线性能价格比好、反光性能优良。

经论证,较危险的路段可以设置涂料型减速标线、视觉减速标线以及彩色路面铺装等,以降低车速,增加路面的摩擦系数。为减少车辆越出路外造成的伤亡事故,减少雨、雾、雪或沙尘对行车的影响,在路侧沿车行道边缘线可设置振动带。

(1)涂料型减速标线。涂料型减速标线是利用标线涂料沿公路横向布设组成的减速标线,目的是通过驾驶员心理的变化,主动采取减速措施。

(2)视觉减速标线。视觉减速标线是运用交通工程学和交通心理学原理,利用设置在车道边缘线的白色虚线块或实线,给机动车驾驶员车道变窄的视觉效果,提醒驾驶员减速慢行,谨慎驾驶,如图 6-17 所示。

图 6-17　减速标线

(3)彩色路面铺装材料。彩色路面铺装材料是一种新型的抗滑型道路标线材料,可以防止车辆打滑、增强车辆运行时的减速效果,提高了行车的安全性,而路面的彩色化可以美化行车环境,如图 6-18 所示。

图 6-18　彩色标线

(4)振动带(隆声带)。车行道边缘线可采用凸起结构型涂料或施画成间隔紧密的虚线型(图 6-19~图 6-22),使越线车辆驾驶员能及时得到提醒,恢复正常行驶路线。

图 6-19　凸起型涂料振动带示例

图 6-20　虚线型振动带

图 6-21　凹槽型振动带

图 6-22　凸起型振动带

第二节　其他交通安全设施

一、视线诱导设施

视线诱导设施沿车行道两侧设置,用于指示公路线形、方向、车行道边界及危险路段，诱导驾驶员视线（图 6-23、图 6-24）。

图 6-23　轮廓标

图 6-24　应当设置视线诱导标志的位置

二、防眩设施和隔离设施

防眩设施和隔离设施也是重要的安全设施，见图 6-25～图 6-27。

图 6-25　防眩板

图 6-26　隔离栅

图 6-27　桥梁护网

第三节　服务区和停车区

服务区和停车区要根据公路使用者的生理、心理需求和车辆机械性能的客观需求，并结合地理环境和公路景观精心规划和设计。

一、选址

我国公路服务区的间距基本在 50km 左右，事实证明这个间距是合理的。而停车区的间距是按大小便、休息等生理方面的要求而定的，其间距在 25km 左右。但要避免机械地按照间距来确定位置。因此为了把休息设施合理地设置在某条路线上，必须综合考虑许多因素，诸如靠近路线的城市的位置，该路线的交通量、交通组成、景观以及互通立交、路线的特性等。例如在公路上长大下坡之前可以设置服务区，便于驾驶员检查制动系统和休息调整。

二、规模

服务区的总体规模应由各组成要素的规模相加在一起组成。各组成要素的规模原则上是根据停车车位数确定，兼顾服务区的使用频率。服务区规模设计要有发展的意识和观念。公路联网后车流量递增速度快，有的公路通车不到 6 年服务区就已经改造扩建 2 ~ 3 次的现象，这不但资源浪费大，也为服务区的交通安全留下了隐患。

三、内部交通组织及合理分区

场地布局以尽可能满足人和车的需要为前提,采取人车分流的原则。停车场宜集中合并设置在一起,并按大、中、小型车分类设置。同时,应根据交通流量及场地大小尽量留足停车位。停车位不宜用花坛等隔开,以便于车辆的进出并保证停车位的兼容性。合理组织交通流路线,避免不同类型车辆流向相互影响、干扰。每个服务区要有其自身特点,保证人流、车流的顺畅,中间互不干扰,创造出舒适、安全的室内外环境。通常情况下,当车辆减速从匝道行使进入服务区时,直接到达停车场进行人车分离,不同车型分区停放,避免人流、车流的相互干扰。

四、绿化和景观设计

服务区应当营造一种与公路上完全不同的轻松氛围,以缓解驾驶员和旅客的疲劳,满足人们休息的需求。其建筑主题设计应当与周围景观相协调,符合美学原理,在条件许可的情况下,应加强绿化,适当引入小溪、池塘、雕塑等人造和自然景观,以吸引驾乘人员休息,缓解旅途中的疲劳感。

五、出入口匝道设计

服务区进、出匝道的平、纵线形设计,直接关系到服务区的有效利用面积及安全问题,应保证与主路顺畅衔接,确保车辆出入的安全。

六、综合交通安全措施

服务区和停车区内应当加强综合安全措施,通过标志、标线以及其他安全设施的设置提高服务区的安全性(图 6-28)。

图 6-28　服务区综合交通安全设施

七、提供服务多样化

服务区的服务设计应当充分体现人性化，考虑老年人、残疾人以及不同群体的特性，提供多样化服务。服务区除了提供停车、加油、休息等常规服务外，还可以根据现实情况，沿线设置降温池、加水站、车况检查区、提供安装防滑链等安全服务。

第四节　观景台

沿公路两侧，宜结合地形条件，选择合适地点设置观景台，对于景区公路十分必要。公路观景台既是为行人提供休憩的场所，又能使公路行人获得美的视觉享受，是功能与艺术的结合体。观景台的设计要遵循功能性和景观性相结合的原则（图 6-29、图 6-30）。

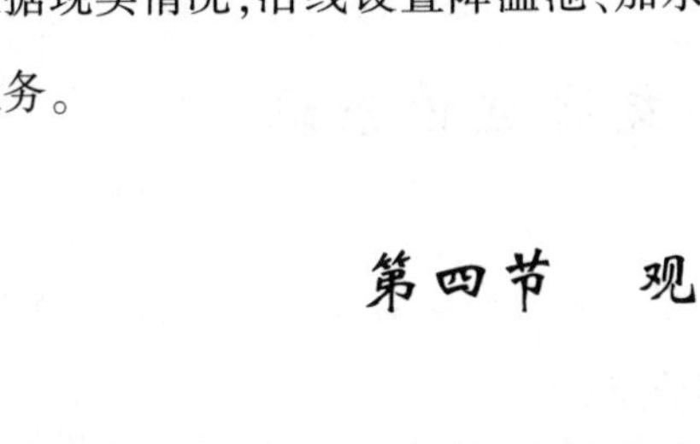

图 6-29　观景台（一）

图 6-30　观景台（二）

观景台位置的选择非常重要，一般设置在公路两侧有较高景观价值且视域范围良好的地方。观景台的设置要充分考虑观景环境的安全性和可行性，如观景点地理位置良好、有足够的回旋空间、不影响行车安全等。应避免设置在视距不良或容易发生交通事故的路段。

观景台的合理设置可以将人类活动范围控制在一个合理区域内，不仅可保证行车安全，更大大减少了人对环境的影响范围。如条件允许，可在观景台与公路之间设置绿化带加以分离。服务于观景台的停车场及其他设施也应综合考虑，合理布局。

景观设计时应统一考虑综合因素，通过周围景观与观景台本身两者的交融与延伸，产生丰富的意境，使行人在行车的动态观赏中得到驻足休憩，在静态环境中得到休息与放松，获得生理和心理的双重愉悦。

第五节　交通监控系统

公路交通监控系统通常是由公路的通行环境监控系统、交通状况监测系统和交通违法行为监测系统等几个部分组成。

一、公路通行环境监控系统

主要包括公路沿线的气象状况（尤其是恶劣气候如飓风、暴雨、结冰、大雪、浓雾和沙尘暴以及能见度等监测）、隧道或涵洞的通行环境（主要是其亮度、消防与污染情况等监控）和有关机电系统及设备的运行状态等监测与控制系统。

二、公路交通状况监测系统

交通状况监测系统包含了路面交通现场实况的电视（视频）监视、交通事件（特别是交通拥堵、交通事故与公路险情）监测以及交通参数（主要是机动车辆的载重量、行驶速度、交通流量和道路占有率）检测等系统（图 6-31）。

图 6-31　检测线圈

三、公路交通违法行为监测系统

交通违法行为监测系统又称电子警察,一般涵盖了固定或相对固定在公路上特定的某个位置或者几个位置(如路段或者收费站的出入口的特定位置)的机动车辆卡口监测系统(俗称:卡口系统)和可以在公路整个路段上进行移动式机动车辆通行状况监测的流动测速(如雷达测速仪)、流动抓拍(如数码相机或摄像机)和酒精测试等系统(图 6-32)。

图 6-32　视频监测器

第六节　交通诱导系统

公路交通诱导系统是在通过对公路交通状况监测后,评价交通状况,向公路使用者发布相关交通信息,对其交通行为进行诱导(图 6-33),主要是由交通标志诱导系统、群体诱导系统和个体诱导系统等几个部分组成的。

图 6-33　公路路径诱导系统示例

一、交通标志诱导系统

是指在公路上由 LED 电子点阵制成的相关固定和流动公路交通标志，如可变情报板、车道灯与限速牌等组成的交通诱导系统（图 6-34、图 6-35）。

图 6-34　可变情报板

图 6-35　限速牌

二、群体诱导系统

一般是指借助调频/中波/短波广播、有线及无线电视和报刊与杂志等大众传播媒体的面对广大受众的交通诱导系统。

三、个体诱导系统

是指通过有线或无线公众通信媒体的短信、寻呼以及电子邮件等方式的针对某些特定个体的交通诱导系统。

第七节　紧急救援系统

公路紧急救援系统是建立在公路管理系统的基础上，快速应对突发异常事件的系统。公路上的交通事故往往是具有意想不到的危害性的事故，为此建立紧急救援系统就是为了以最快的反应速度，在最短的时间内排除故障。

一、公路紧急救援系统设计原则

公路紧急救援系统应以国家法律法规、规章制度、上级相关预案为依据，结合不同公路具体特征而制定。主要遵循以下原则：

(1)安全第一，以人为本。把保障人民群众的生命安全和身体健康当作首要任务，在突发事件未发生时充分做好预防工作；在突发事件发生后，立即营救受伤人员，组织撤离或采取其他措施，保护危害区域内的其他人员。

(2)统一领导，分工明确。根据应急指挥中心的统一部署和指挥，各应急小组按照各自职责和权限，有条不紊地实施应急救援工作。

(3)预防预警，分级响应。在日常运营管理工作中，应针对可能出现的突发事件，提前做好现场监控和预防措施。突发事件发生后，应迅速、果断做出反应，启动应急救援预案。同时，应迅速判断事故可能的后果，按分级响应要求，向上一级应急组织机构报告事故情况。

(4)整合资源，快速反应。建立应急救援的联动协调机制，加强各应急部门之间以及与当地有关部门和专业应急救援队伍的密切协作，确保一旦出现突发事件，能够迅速、快捷、有效的启动应急预案，提高自救、互救和应对突发事件的综合素质。

二、公路紧急救援系统的功能与结构设计

公路紧急救援系统通常具备以下功能：

(1)信息采集与异常交通状况判断和预测。利用交通监控系统对公路异常天气、异常交通状况进行监测判断和检测。

(2)提供信息服务。当公路上发生异常交通事件时，应利用交通诱导系统及时向其上游车辆发布交通信息，采取交通诱导措施，防止追尾事件发生，降低事故突发段的交通压力，为恢复正常交通提供条件。

(3)采取紧急救援方案决策。在获悉异常事件发生后,应当根据事件类型和程度快速做出紧急救援方案,通知各部门协调分工进行救援。

紧急救援系统为了完成其救援任务,需要建立各部门相互协调配合的系统结构,见图 6-36。

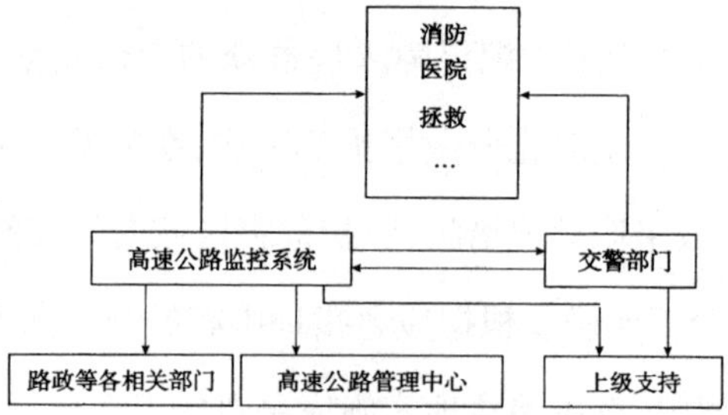

图 6-36　公路紧急救援系统的结构

当公路上发生突发事件时,公路公司应根据事件类型、程度等,联合消防、交警、医院等部门对突发事件共同进行处置,将突发事件的损失降至最小。各部门职责如表 6-1 所示。

表 6-1　各应急部门职责分工

部门	职责
消防部门	①负责火灾应急救援的现场指挥 ②承担火灾扑救、破拆救援工作
交警部门	①负责路面巡逻、交通事故处理和人员救助 ②负责指挥疏导交通,必要时与周边交警部门沟通,协同做好交通疏导 ③负责及时、准确通报事故现场处理情况和交通状况

续　表

部门		职责
高速公路公司	公路公司监控中心	①接收突发事件报警信息,分析处理后上报应急指挥部、通知相关救援单位 ②在应急救援过程中负责操控通风、照明、监控、消防等机电设备,发布相关交通控制与诱导信息 ③引导驾乘人员疏散 ④实时跟踪救援工作情况,上报应急指挥部、通告各救援单位
	公路公司路政大队	①负责路政巡查,路产损失现场勘察取证及路产索赔 ②协助进行人员救助 ③协助交警做好交通管制与分流工作,必要时通知养护单位协助做好事故现场的清理工作 ④负责及时、准确通报事故现场处理情况及交通状况
	公路公司机电部	①负责机电设备检查维护,确保机电设备正常运行,尽量避免机电系统故障引发的火灾 ②负责机电设备突发故障的及时修复
	公路公司养护部	①负责为突发事件应急救援工作提供相关资料、信息,配合救援工作,必要时现场控制机电设备 ②负责事故现场公路交通基础设施快速修复 ③协助交通事故现场围蔽及清理
	公路公司收费管理部	负责实施分流措施时发放分流路径指引图,协助交警、路政实施收费站分流措施
交通拯救部门		负责事故现场围蔽、拯救和清障
医院急救部门		提供紧急医疗救治,运送伤员

三、公路紧急救援交通疏导方案设计

突发事件发生后,交通疏导方案的制订是提高突发事件条件下交通组织与疏导管理水平的关键。方案的制订充分考虑本路段路线和结构物分布特点和关联特性,尽可能降低交通事件对公路通行的影响,提高事件响应速度,最大限度地确保本路段的交通运行安全和公路畅通。

典型的交通组织疏导方案包括以下几类:

(1)双向交通间断放行。利用对向车道来进行交通组织疏导,两个方向的交通在特定交通组织路段共用相同的车道,由现场指挥人员根据两个方向交通流量来协调每个方向的放行时间(图6-37)。

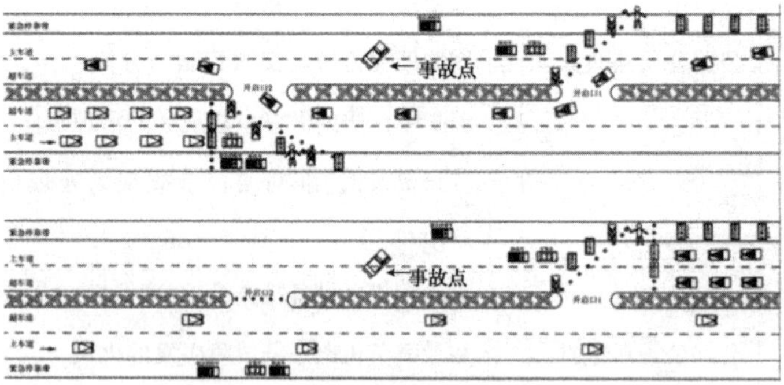

图6-37　双向间断性放行分流示意图

优点分析:由于两个方向的交通间断交替放行,不存在对向交通冲突的问题,且在有现场人员指挥的情况下,安全性较高。另外,现场摆放交通安全锥以及辅助临时交通标志等设施的布控工作量较小。

缺点分析:两个方向的交通间断交替放行致使任何一方的交通无法连续通行;另外,交通放行的起始位置必须安排专人进行现场指挥,以确保交通秩序。现场指挥人员需要配备无线对讲机、扩音器等必要设备。需要路段监控中心的支持,监控中心通过车检器或视频监视设备获取事件点上游交通流量信息,通过无线通信方式告知现场支持人员,以更好地协调双向的方向时间。

适用分析:适用于双向交通流量都不是很大,或者一个方向交通流量较大另一个方向交通流量较小的情况。不适用于一个方向或两个方向交通流量很大的情况。

(2)对向车道变向使用。事件发生点一侧的上游车辆通过中央分隔带开口借用对向部分车道,避开事件影响路段,再通过下游的中央分隔带开口驶入本方向路段(图 6-38)。

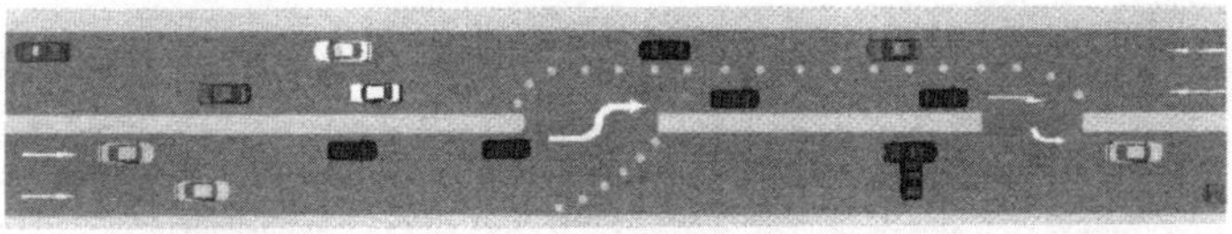

图 6-38　对向车道变向使用方案示意图

优点分析:能够保障双方向交通不中断,可同时通行,在交通流量较小的情况,也不会造成较为严重的交通拥堵和延误。交通组织路段布设好交通安全锥以及辅助临时交通标志后,一般不需要现场指挥人员维持交通秩序。

缺点分析:由于在对向车道变相使用路段,两个方向的交通采用交通安全锥进行软隔离,存在一定的对向冲突风险,特别是在夜间还存在对向来车眩光的不利影响。另外,现场摆放交通安全锥以及辅助临时交通标志等设施的布控工作量较大。

适用分析:适用于事件路段方向堵塞的车辆较多,对向路段交通流量不大的情况,在对对向路段交通影响程度较小的基础上,及时有效疏导事故上游路段的堵塞车辆。对于单方向两车道或三车道的公路而言,采用对向车道变向使用的交通组织方式时,一般借用对向一条车道供事件发生一侧的车辆使用,主要是由于中央分隔带开口的通行能力有限,借用对向多条车道对于提高疏导交通能力帮助不大且给对向交通造成较大影响。一般不建议采用“单进双出”(即从一个开口进入对向车道,从两个开口驶回车道)和“双进双出”(即从两个开口进入对向车道,从两个开口驶回车道)的交通组织方式。这两种方式,虽然能够提高事件方向的疏导能力,但是交通组织较为复杂,安全保障设施布设工作量大。

(3)掉头就近驶离高速。利用中央分隔带开口和收费站出口来进行事件上游路段的交通组织与疏导,引导上游车辆通过中央分隔带开口掉头,利用对向车道顺行在就近互通驶离公路,从而规避事故发生地,绕行其他路径至原行驶方向下游某收费站进入公路(图6-39)。

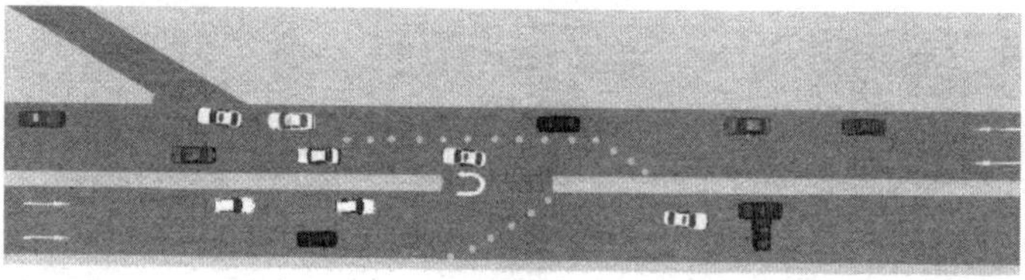

图6-39 掉头就近驶离高速方案示意图

优点分析:对对向交通影响较小;交通流不存在对向冲突,安全性比较好。另外,现场摆放交通安全锥以及辅助临时交通标志等设施的布控工作量较小。

缺点分析:改变了原事件发生方向车流的原本行驶方向,疏导的车流需要先驶离高速,通过其他替代路径绕行至原行驶方向下游的某个收费站再进入高速,增加了一定的绕行距离,且给不熟悉路况的驾驶人带来不便。此外,由于车辆需要在中央分隔带开口处掉头,在相对狭窄的空间内完成这一驾驶操作难度较大,特别是对于大型车辆而言,可能在中央分隔带开口出现较为严重的疏散瓶颈问题。

适用分析:适用于交通组织和疏导的中央分隔带开口距离互通出口较近的情况,这种方式能够使事件上游路段与上游互通出口间路段的车辆得到快速的疏导。如可实际用于交通组织和疏导的两个中央分隔带开口距离较远,采用"双向交通间断放行"和"对向车道变向使用"两种方式会导致交通疏导效率低、对对向交通影响大时,也是适宜采用该交通组织方式的典型情况。

(4)互通出口或者连通公路强制分流。利用互通出口(通常为收费站出口)或者连通公路来进行事件上游路段的交通组织与疏导,引导上游车辆驶离公路,规避事件发生地,绕行至前方最近收费站再次进入公路(图 6-40)。

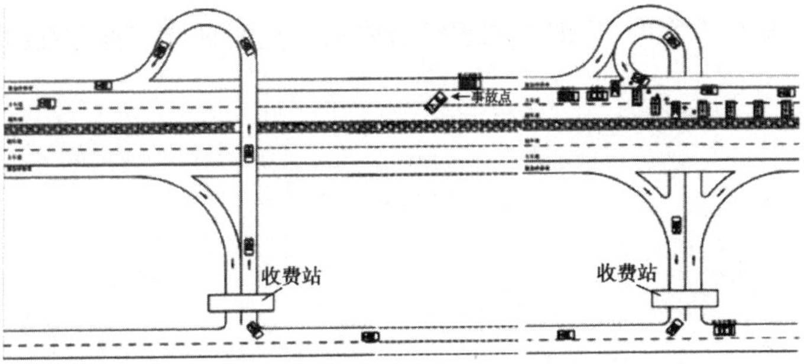

图 6-40　互通出口强制分流方案示意图

优点分析:与上述三种组织方案比较,该方案对上游车辆的疏导效率最高。对对向交通无任何影响,交通流不存在对向冲突,安全性比较好。另外,现场摆放交通安全锥以及辅助临时交通标志等设施的布控工作量较小。

缺点分析:疏导的车流需要先驶离高速,通过其他替代路径绕行至原行驶方向下游的某个收费站再进入高速,增加了一定的绕行距离,且给不熟悉路况的驾驶人带来不便。另外,由于是强制分流,存在一定的实施难度,部分驾驶人可能不愿意驶离高速而宁愿在公路上等待,这种情况会导致疏导效率下降。一旦无法实施有效的出口分流,当交通流量较大时交通影响的波及速度会很快,波及范围也可能更大,必须是甚至需要采取上游多级分流的交通组织方式。另外,在出口采取强制分流方案时,除路政部门协助交警现场管制交通外,还需要监控与收费等部分的协同工作,在公路上和收费站入口做好信息提示工作。

适用分析:适用于事件持续时间较长;或事件影响方向交通流量大,采用“双向交通间断放行”“对向车道变向使用”“掉头就近驶离高速”等交通组织与疏导方式难以及时疏导交通,可能会造成严重的交通拥堵和延误的情况。当发生交通中断的事件时,一般建议在事件路段上游的互通出口以及连通公路处采取强制分流措施,以尽快疏导交通,减小事件对上游交通的波及影响。

(5)组织方案综合应用。在对事件上游交通进行组织和疏导时,需要综合考虑交通流量、事件持续事件、交通拥堵状况、事件发生位置、交通组织方案实施的难易及可行性等多重因素,来合理确定具体的交通组织方案。在具体实施交通组织和疏导方案时,有时候需要综合采取上述两种或多种方案组合。

第七章　公路安全的费用效益分析

费用效益分析(Cost-Benefit Analysis,CBA),是通过对各个比较方案的全部预计费用和全部预期效益的现值进行比较,为决策者评价比较方案提供的一种方法。进行费用效益分析的指标主要有净现值(NPV)、内部收益率(IRR)、效益费用比(B/C)、费用现值(PV{费用})、年度等值费用(EAC)等。其中,净现值、内部收益率、效益费用比应用较为广泛。

在制订政策规划、确定预算、对投资方向进行排序和调整时,进行经济费用效益分析是必要的。费用效益分析还可以用来衡量不同行业领域的投资。本章主要讨论在实施一项道路安全改善措施或成套安全措施,以及对措施进行排序时,如何利用费用效益分析进行决策。需要注意的是,除了安全效益外,其他社会影响(如对机动性和环境的影响)也应被纳入费用效益分析,使其能够体现出一项投资的综合社会回报。

费用效果分析(CEA)与费用效益分析类似,可以被视为后者的简化。在交通安全设计及改善研究中,费用效果分析仅研究道路安全效果(如事故救助)和费用。与费用效益分析不同,费用效果分析的结果不能提供有关不同备选方案的社会回报信息,只能根据救助一名伤亡人员的费用来对比较方案进行评价。

实施费用效益分析或费用效果分析,通常包括以下步骤。

(1)确定比选方案。

(2)费用效益(或效果)的识别与计算。

(3)确定评价准则,进行费用效益(或效果)分析。

(4)进行不确定分析和风险分析。

以下针对公路安全项目如何实施费用效益分析进行详细介绍,并通过荷兰的案例进行说明。

第一节　确定备选方案

经济分析通常采用“有项目情况”与“无项目情况”(作为“基准情况”)对比的方法,简称“有无比较法”。“有项目情况”是指实施拟建项目后,将要发生的情况;“无项目情况”是指不实施拟建项目,将要发生的情况。

因此,在费用效益分析中,首先要确定一个或多个备选方案,以及基准方案(零方案)。备选方案由一项或多项道路安全改善措施构成。基准方案可以是自发的或现有策略的延续。对自发方案的评价应基于特定的研究,如机动性和人口统计学方面的趋势描述。通过确定基准方案和备选方案,能够将一项措施的影响与自发影响区分开来。

备选方案和基准方案应在有效实施的期间进行长期的对比,如 10 年、20 年或 30 年。应选择确定的时间段进行费用效益分析,描述备选方案在该时期内的发展情况,见图 7-1。

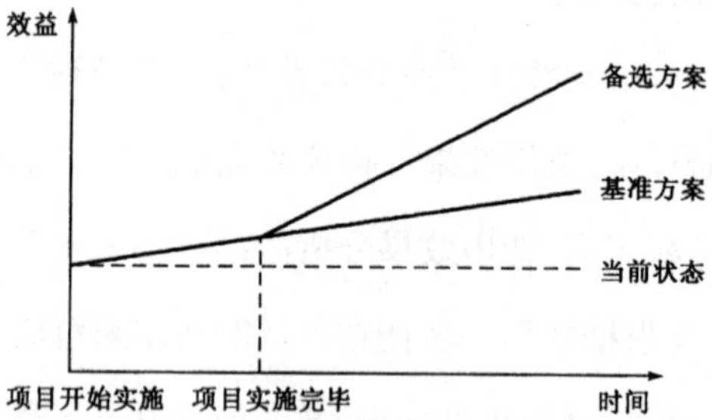

图 7-1　基准方案和备选方案

第二节　公路安全项目的费用和效益

在费用效益分析中，应尽可能全面地识别建设项目的直接与间接经济效益和费用，并遵循以下原则。

(1)增量分析原则。项目费用效益分析应建立在增量效益、增量费用识别和计算的基础之上，按照“有无对比”增量分析的原则，通过项目的实施效果与无项目情况下可能发生的情况进行对比分析，作为计算机会费用或增量效益的依据。

(2)考虑关联效果原则。应考虑项目可能产生的其他关联效应。

(3)项目费用效益识别的时间范围应足以包含项目所产生的全部重要费用和效益，而不应仅根据财务核算规定确定。

一、公路安全项目的费用

公路安全项目的费用通常包括两类：建设费用和运营费用。

(1)建设费用

建设费用包括基础设施费用、土地费用及其他费用，也被称为投资费用。

(2)运营费用

运行费用是指在设施运行期间发生的费用，可分为三类。

①更换费用：由于设施使用寿命比费用效益分析评价周期短，而必须发生的设施更换。

②养护费用：与基础设施紧密相关的费用。

③管理费用。

只有超过基准方案费用的额外部分，才被认为是备选方案中新增设施的费用。举例来说，现有设施的管理费用和养护费用是不计入备选方案费用的。如果一个方案由多项措施构成，那么必须考虑由于措施组合而带来的费用节省。

二、公路安全项目的效益

在公路安全项目的效益分析中,应该辨别三类影响:安全、机动性和环境。安全影响包括有限的财产损失、医疗费用、劳动能力丧失、精神伤害、处理费用和交通阻塞费用。机动性影响包括出行时间和出行费用的改变。环境影响包括排放和噪声的变化。

项目的影响经常通过与基准方案比较的方式确定。在费用效益分析中,影响被称为效益,而该效益应具有正面或负面价值。一旦出现负面价值(如一项道路安全措施会引起事故数量上升或机动性降低),就称其为“负效益”。但不推荐称其为“费用”,因为那样做会在计算费用—效益比时出现混淆。

在费用效益分析中,所有相关效益应尽可能量化。其中安全效益是指由于备选方案中一项或多项措施的实施,与基准方案相比减少的交通事故。这就需要以下信息:

①拟改善路段当前事故数量;

②在基准方案下,事故数量的增加或减少情况,如自发情况下的事故数量;

③确定由于改善措施的实施,事故减少的百分比。

减少的百分比(事故折减系数)是通过实地观测得到的观测值,而不是理论计算的结果。通常,为获取某一安全改善措施的具体事故折减系数,首先需要选择适合于改善措施的试验地点。在试验地点完成改善措施后,该地点进入为期数年的事故观测期。完成观测期的事故数据统计之后,将该试验地点在安全措施实施前后的事故数据进行对比,或者将试验地点在改善措施实施后的事故数据与类似于试验地点的其他路段的事故数据进行比较,得出折减系数。采用折减系数方法,可以简单有效地进行公路安全改善的定量化研究。在我国还没有开始进行系统研究的情况下,可以借鉴国外已有的数据,并加以科学合理的修正,应用到实际项目中。通过不断地应用研究,对数据进行更进一步的更新完善。

由于安全效益包括有限的财产损失、医疗费用、劳动能力丧失、精神伤害、处理费用和交通阻塞费用的变化，并与事故类型有关，需要区分死亡事故、重伤事故(住院)、轻伤事故(不住院)以及仅发生财产损失的事故。如果无法得到一项措施分别对不同类型事故减少的比例，那么就对各类事故均采用同一比例。

三、效益的货币化

在费用效益分析中，将所有效益尽可能以货币形式表示，称之为货币化。通过货币化转换为同一单位后，各类效益之间、效益与费用之间可以进行比较。安全效益的货币值由因事故减少而节约的社会费用构成，包括下述各类社会事故费用节约。

(1)医疗费用。由对伤亡人员的治疗产生，如治疗、康复、药品以及心理障碍调节。

(2)劳动能力丧失。由于受伤引起的暂时性或永久性机能丧失以及由于死亡导致的劳动力完全丧失。

(3)财产损失。包括对车辆、道路和路侧设施的损坏。

(4)处理费用。解决碰撞及消防、警察、法院、保险等机构产生的费用。

(5)事故伤亡人员及其家人生活质量的损失。这被称为“人的费用”或“人的损失”。痛苦、疼痛、悲伤、丧失生活的乐趣等均是非物质费用。

曾有研究对14个欧洲国家道路安全费用的确定方式予以了广泛的比较研究(Alfaro et al,1994)。在许多国家，通过这种费用分类方式，对一年内发生的所有事故的费用进行估算。以Elvik(2000)和Trawén et al(2002)对国际道路安全费用概况的研究为例，估算一个国家道路交通事故的总费用，通常采用计算每类事故费用的方式，然后将事故减少的数量与每起事故(节约)的费用相乘，得出道路安全措施的效益。

在欧洲，“百万欧元方法”是常用的简化方法。该方法是将总的道路交通事故费用除以死亡交通事故数,得到每起死亡事故的费用。例如,1995 年欧洲交通事故的总费用为 1620 亿欧元,同年死亡事故 45000 起,每起死亡事故的费用为 360 万欧元(包含了非死亡事故和财产损失事故的费用)。理论上应使用准确的数据,但如果不能得到准确数据,只能使用较为粗略的估算值。2005 年,这一数字上升为 440 万欧元。

当使用百万欧元方法时,只需知道安全措施减少的死亡事故数。然而,该方法是有局限的,因为它假定一项措施减少死亡事故、受伤事故和财产损失事故的比例相同。实际上,某些措施主要预防死亡事故,而另外一些措施更多地与受伤及财产损失事故有关。

第三节　费用效益分析

如果特定期间(分析期内)的费用和所有效益的货币价值已经确定,就可以进行费用效益分析。

首先,采用折现率将费用和效益折现到费用效益分析期的基年。折现反映了时间对效益的影响。费用和效益发生得越早,权重越大;发生得越晚,权重越小。经过折现,可以对实施于不同期间的措施,进行相互间的比较。所谓折现,就是将发生于第 t 年的费用或效益除以系数 $(1+r)^t$,这里 r 是折现率。在政府项目中,应首选官方规定的折现率。根据我国国家发展改革委员会和建设部联合发布的《建设项目经济评价方法与参数(第三版)》,社会折现率为 8%;对于收益期长的建设项目,如果远期效益较大,效益实现的风险较小,社会折现率可适当降低,但不应低于 6%。对折现后的费用或效益求和,就得出了通常所说的费用或效益现值。可用式(7-1)计算可选方案费用的现值:

$$\mathrm{PVC}=\frac{C_1}{(1+r)^1}+\frac{C_2}{(1+r)^2}+\frac{C_3}{(1+r)^3}+\cdots+\frac{C_T}{(1+r)^T}=\sum_{t=0}^{T}\frac{C_t}{(1+r)^t} \qquad (7-1)$$

式中:PVC——费用现值;

C_t——可选方案在第 t 年的费用。

同样,也可计算出效益的现值。

通常可采用净现值(NPV)和效益费用比(BCR),作为衡量道路安全措施社会回报的指标。所谓净现值,即道路安全措施的效益现值和费用现值之差;所谓效益费用比,即一个项目的总效益现值与总费用现值的比值,也可以用年度等值效益与年度等值费用的比值来表示。

$$\mathrm{NPV}=\sum_{t=0}^{n}P_t=\sum_{t=0}^{n}\frac{B_t-C_t}{(1+r)^t} \tag{7-2}$$

式中:B_t、C_t——分别表示第 t 年的效益和费用。

如果净现值为正值或者效益费用比大于 1,则认为该项方案是可行的。基于这些指标,可以对一项措施或多项措施进行比较。净现值和效益费用比越高,方案越可行。这些指标也可以用于比较投向公路安全的投资或用于其他政策领域的投资,比较投资在社会回报方面的差异。

对于投资较多的大型公路安全改善项目,通常还需要采用内部收益率(IRR)指标进行费用效益分析。所谓内部收益率,是指净现值为零时的折现率,即满足式(7-3)中的 r 值。

$$\sum_{t=0}^{n}\frac{B_t-C_t}{(1+r)^t}=0 \tag{7-3}$$

一般地,若内部收益率大于最低可接受的收益率,则认为该方案是可以采纳的;反之,则认为该方案是不值得采纳的。若有两个或两个以上项目的内部收益率均大于最低可接受的收益率,则应选择其中具有最大内部收益率值的项目。

在许多情况下,净现值法与内部收益率法将得出一致的结论,但在某些情况下,这两种方法将产生相互冲突的结论。当出现冲突时,就表明不同的项目或方案对折现率有不同的敏感性,即当 r 增加时,其净现值必然以不同的速率下降。特别是对于分析期间效益出现较迟的项目或方案,其效益所占的比例越大,则净现值对折现率的变化就越敏感。在这种情况下,进行项目决策应更为审慎(图 7-2)。

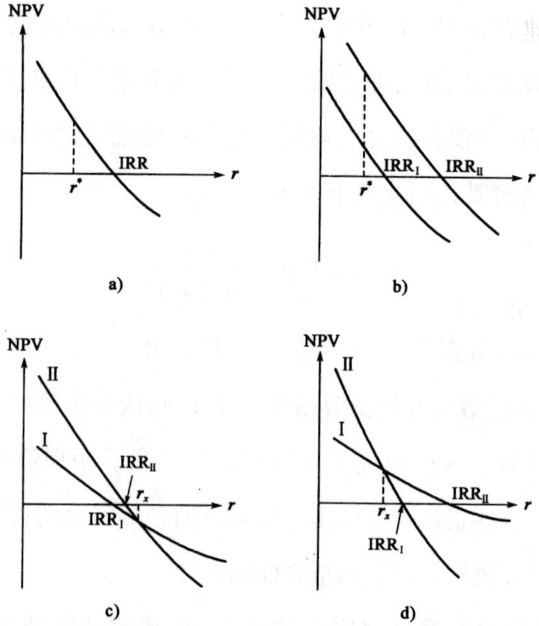

图 7-2　净现值法与内部收益率法的比较

a)不冲突;b)不冲突;c)不冲突;d)可能冲突

第四节　费用效果分析

费用效果分析应遵循多方案比选的原则,所分析的项目应满足以下条件:

(1)备选方案不少于两个,且为互斥方案或可转化为互斥型的方案。

(2)备选方案应具有共同的目标,目标不同的方案不可进行比较。

(3)备选方案的费用应能货币化。

(4)效果应采用同一货币计量单位衡量,如有多个效果,应对其指标加权处理形成单一综合指标。

(5)备选方案应具有可比的寿命周期。

与费用效益分析类似,费用效果分析应按下列步骤进行。

(1)确定项目目标。

(2)构想和建立备选方案。

(3)将项目目标转化为具体的可量化的效果指标。

(4)识别费用与效果,并估算各个备选方案的费用与效果。

(5)利用相关指标,综合比较各个方案的优缺点。

(6)推荐最佳方案或提出优先采用的次序。

前述有关费用效益分析中措施费用的计算方法,也适用于费用效果分析。费用效果分析还可采用下列基本方法。

(1)最小费用法,也称固定效果法,即在效果相同的条件下,应选取费用最小的备选方案。

(2)最大效果法,也称固定费用法,即在费用相同的条件下,应选取效果最大的备选方案。

(3)增量分析法,即当效果与费用均不固定,且分别具有较大幅度的差别时,应比较两个备选方案之间的费用差额和效果差额,分析获得增量效果所付出的增量费用是否值得,不可盲目选择。

对于费用效果分析,应注意考虑的是特定路段总的伤亡人数,而不是伤亡事故数。不同类型的事故(死亡、受伤、仅有财产损失)具有不同的权重。为了计算道路安全的效益,权重必须量化。现在有不同的计算模型指标和参数。两个不同参数甚至相差 2 倍或 3 倍。如丧失生活品质、疼痛、忧伤等都是难以量化的。根据已有的研究,重伤和死亡事故的社会费用比财产损失事故的社会费用高出数百倍。在荷兰,推荐以下参数:死亡事故为 10;受伤事故并须住院为 5;其他受伤事故为 3;仅有财产损失的事故为 1;如果仅能获得有限的事故数据,那么所有受伤事故都采用相同的参数 5。

第五节　敏感性分析

进行费用效益分析和计算时,其数据也许不够准确,这可能是由于数据的来源本身的可靠性造成的,也可能来自预测和估算的数据。另外,与效益费用有关的外界因素不能保证不发生变化,这就给项目的经济分析带来了不确定性。为了更好地做出项目决策,需在决策之前做好敏感性分析,以便决策者了解项目风险的大小。

所谓敏感性分析,是指在影响一个方案效果的诸多不确定性因素中,测定其对此方案效果产生显著影响的一个或几个因素的一种分析方法。具体可以通过检验上述结果对不确定性因素的敏感性来实现。不确定性因素包括对影响和费用的估计、影响的价值等。在敏感性分析中,计算社会回报变化可以降低或提高用于计算道路安全影响的比例,也可以降低或提高折现率。

由于敏感性分析在一定程度上带有主观性和猜测性,因此表现出有一定的局限性。当不确定因素的敏感性很高时,应进一步通过风险分析,判断其发生的可能性及对项目的影响程度。

第八章　公路安全的教育和执法

可持续的交通安全理念是一种防患于未然、积极主动的安全策略。人、车、路及环境之间的相互协调是实现公路交通安全的基础,要实现这几种要素之间的协调,必须使整个系统遵循一定的规则和秩序,处在有序的组织中。

英国通过对产生交通事故的主要原因进行分析,得出结论:人的因素占事故数的95%;道路因素占事故数的18%;车辆因素占事故数的6%。可见,人的交通行为往往是引起交通事故的主要原因,而人的交通行为又受到个体的学识、观察能力、判断能力、情绪、注意力和个人喜好等一系列社会属性和生理心理特性的影响,是复杂的、难以精确预测的。因此,在整个可持续安全的交通系统下作为核心的人的因素是最难控制和预测的,如何长期影响和规范人的交通行为是较具挑战的工作。可以从工程、教育和执法三个方面来引导规范公路使用者的交通行为。在工程方面通过良好、统一、人性化的公路设计可以为驾驶员提供良好的行车环境,从而降低事故概率,这在前面的章节已经详尽论述,本章将从教育和执法的角度来解决安全问题。工程、教育和执法三者的综合实施组成了可持续安全的完整体系。

第一节　公路安全的教育

一、交通安全教育的主体及作用

交通安全教育是面向全社会的公共事业,社会成员都有参与和支持交通安全教育的义务。以下是参与交通安全教育的主体及其各自的功能和作用。

(1)政府机构。交通安全教育作为一项公共事业,是政府部门的重要职责,需要政府的重视和支持。

(2)交通部门。交通部门负责加强车辆营运管理和安全教育。

(3)交警部门。交警部门负责执法和传播、讲解交通法规。

(4)社会组织。我国工会、社区等社会组织对交通安全教育活动、组织和安全教育信息的传播起着积极作用,应当进一步发挥民间组织的作用。

(5)媒体。媒体起着舆论导向和公共监督的作用,同时也是交通安全教育信息传播的媒介。

(6)教育机构。学校教育是整个交通安全教育的基础,学校担负着培养学生安全意识和社会公德的责任。

(7)驾驶培训考核机构。驾驶培训考核机构直接关系到驾驶员的驾驶水平和安全意识,要严把教学和考核质量关。

(8)群众。广大人民群众既是交通安全教育的对象,同时也是交通安全教育的主体。每个公民如能在实际行动中遵守交通规则,加强安全意识,将有利于全社会安全氛围的形成。

二、交通安全教育的形式

交通安全教育是一项长期工作,需要贯穿于社会的各个年龄段、阶层和职业群体,其主要形式如下。

(1)家庭教育

家庭是教育的最初阶段,家长应当给予儿童最基本的交通安全常识教育,如红灯停、绿灯行等知识,加强儿童的安全意识。同时家长还要以身作则,率先遵守交通规则,形成对子女的榜样示范作用。

(2)学校教育

学校交通安全教育既是学生的基础教育内容之一,也是整个交通安全教育的基础,这是因为:

①学生人数多,可塑性较大;

②学生使用道路、交通工具的机会比较多,容易发生意外;

③施教容易,经济有效;

④成果显著,影响深远。

交通安全教育应当是学校基础必修课程的一部分,课堂教学应教授学生有关的交通信号、交通标志和交通法规知识。在我国,中小学生采用自行车上下学的较多,应安排专门的自行车安全驾驶方面的指导。

(3)驾驶员培训和考核

驾驶员素质培训对于公路交通安全至关重要。在我国现有条件下,发生交通事故的责任约80%归属于驾驶员,超过其他国家30%左右的比例。驾驶员素质的高低,直接影响了行车的安全性。

驾驶学校要对未来的道路驾驶员提供驾驶理论和实践以及交通法规的学习,使其掌握驾驶技能,加强安全驾驶观念。

驾驶考核应严格按照《中华人民共和国机动车驾驶证管理办法》和《中华人民共和国机动车驾驶员培训管理规定》执行,严格培训、考核,把不适合驾驶的人员排除。

进一步规范已取得驾驶资格的驾驶员的行为。切实加强交通安全教育和交通事故肇事相关法律法规的宣传与教育,常抓不懈且注重实效。强制驾驶员佩戴安全带,推广记分卡制度。对从事危险品运输和客运的驾驶员,进行专门的运输安全培训与考核,严格执行安全驾驶各项规定,以保证货物和人员的安全。对农用机动车、摩托车的驾驶员也应适当采取以上措施,保证安全行车。

(4)社会教育

全社会形成良好的交通安全文化氛围是做好交通安全工作的关键,也是搞好交通安全工作的保证,因此,开展长效机制的交通安全教育宣传活动是有重要意义的。

开展交通安全教育宣传活动的目的是提高公众的安全意识,通过各种传播媒体进行交通安全宣传活动,加强群众法律教育、道德教育,使其深刻理解交通安全的内涵,进而形成良好的安全道德观念,在全社会构成一个安全和谐的社会环境,最终体现在日常的交通行为中,从而使公路秩序井然,降低交通事故,保证安全营运。

交通安全教育活动实施所采取的形式是多样的,主要有以下几种,也可以几种综合进行。

(1)通过电视节目,针对在道路上的不文明、不安全违规行为以及交警对于这些行为采取的惩罚措施进行专题报道。

(2)通过电视、报纸、广播、网络等媒介的公益广告,展示不遵守交通规则所带来的一系列恶果,提醒人们遵守交通法规。

(3)在公共场所设置交通安全公益宣传广告,公路上布设如"请勿酒后驾车"等公益交通标志。

(4)举行交通安全讲座和学习班。

(5)与交通执法部门协作,进行"交通安全月"活动,加强群众安全意识。

为了保障交通安全宣传教育的有效性,开展交通安全宣传教育活动需要注意以下几点:

(1)差异性。交通安全教育活动应当充分考虑到地区和区域文化、经济、社会状况的差距,不能照搬照抄。

(2)针对性。鉴于公路使用者群体的差异性,交通安全宣传教育活动首先要确定目标人群,针对不同年龄、不同阶层的公路使用者,采用不同的方式。

(3)普遍性。实践证明只有针对最普遍的违规行为进行教育,取得的效果才最明显。

(4)适应性。安全教育宣传活动的具体形式要适应实际情况,具有可行性。

第二节　公路安全的执法

执法在可持续的道路安全体系中起着重要的作用。由于人们往往有意或无意地忘记或挑战交通法规,因此有必要对公路使用者的交通行为进行监控,并对违反交通法规的行为给予一定处罚。

交通执法的目的是使公路使用者意识到其在道路上违反交通法规的行为会受到惩罚,从而减少交通违规行为的发生。

如何把法律在文字上的规定落实到公路使用者的实际交通行为中是交通执法的关键,这个过程涉及以下几个重要环节。

(1)健全交通法规

交通法规是治理交通安全、保证交通安全、正确处理交通参与者之间关系的重要依据,同时也是交通参与者的行动指南。法规条例只有是合理的、可行的,才能达到公路使用者严格遵守的效果。一套完善合理的法律和规则需要包含三个要素:

①交通法规必须适应于道路实际运行状况;

②交通法规必须清晰明确地规定公路上禁止的交通行为;

③交通法规必须合理,便于实际执行。

因此,加强立法,完善交通管理法规,做到有法可依是交通安全管理法制建设的首要任务。

(2)严格实施交通法规

应建立一套比较严格的措施和手段来保证交通法规的实施效力,着重加强路面巡逻。交通警察要严格执法,违章必纠,努力提高执法水平,切实执行驾驶员行车违章记分制度。

(3)与交通安全教育相结合

严格交通执法的目的不是为惩罚而执法,而是为了提醒驾驶员,培养其安全意识,进而减少不良交通行为,降低安全隐患。因此,交通执法必须与交通安全教育相结合,如在交通安全教育宣传活动中应当配合相当力度的交通执法来达到提醒驾驶员传播交通安全知识的作用。

参考文献

[1] 顾永田. 车辆长大下坡持续制动制动鼓温升试验研究[D]. 西安:长安大学,2008:27-51.

[2] 袁燕,胡昌斌,沈金荣. 山区公路长下坡路段货车鼓式制动器温升规律数值分析[J]. 福州大学学报(自然科学版),37(6),2009:895-904.

[3] 唐博,雍耀维. 公路长大下坡路段对驾驶员心理的影响研究[J]. 农业装备与车辆工程,2007,11:56-57.

[4] 田冬军,高文彬,彭纪宝. 山区公路纵坡度合理值的实验研究[J]. 重庆交通大学学报(自然科学版),2008,27(3):429-432.

[5] 郑柯. 基于驾驶员生理心理反应的公路线形研究[D]. 北京:北京工业大学,2003:84-92.

[6] 吴京梅,何勇. 公路连续长大下坡安全处置技术[M]. 北京:人民交通出版社,2008:9-179.

[7] 夏传荪. 交通标志世界:第二集[M]. 北京:中国人事出版社,2005.

[8] 杨久龄,刘会学.《道路交通标志和标线》应用指南[M]. 北京:中国标准出版社,1999.

[9] 唐净净,侯德藻,姜明. 道路交通标志和标线手册[M]. 北京:人民交通出版社,2009.

[10] 张存保,杨晓光,严新平. 交通信息对驾驶员选择行为的影响研究[J]. 交通与计算机,2004,22(5):31-34.

[11] 林雨,潘晓东,方守恩. 指路标志信息量与认知性关系研究[J]. 交通运输工程与信息学报[J]. 2005,3(3):73-77.